文春文庫

警視庁科学捜査官

難事件に科学で挑んだ男の極秘ファイル

服藤恵三

JN151862

文藝春秋

警視庁科学捜査官 難事件に科学で挑んだ男の極秘ファイル ● 目次

警視庁科学捜査官

難事件に科学で挑んだ男の極秘ファイル

第１章

オウムの科学を解明せよ

地下鉄サリン事件

サリンプラントのあった第7サティアン（著者提供）

誰が、何のために

その日も、いつものように6時ごろ起きた。毎朝のバタバタを経て、急いで子供を保育園へ連れて行く。駅までは恒例の駆け足。飛び乗った満員電車に揺られ、地下鉄の桜田門駅で降りて、職場である警視庁の科学捜査研究所（科捜研）に着いたのは8時前だった。科捜研は、警視庁本部庁舎の隣にある警察総合庁舎の7、8階に入っていた。

私は係長として、毒物や薬物の鑑定と検査を担当していた。白衣に着替え、仕事に取りかかる準備をしていると、救急車のサイレンが聞こえ始めた。この時間の霞が関では珍しい。「どこかの役所で急病人でも出たのかな」と思った。ところが、サイレンの音は鳴りやまないどころか、数がどんどん増えていく。時計を見ると、8時20分前後だった。

これは普通じゃない。何かが起こっていると感じ、科捜研の庶務にある警察無線・同時通報を聴きに行った。

「地下鉄の築地駅構内で、人がたくさん倒れている」

「小伝馬町駅で、多数の人が倒れている」

「人形町駅、八丁堀駅、霞ケ関駅でも同様」

「築地駅に停車中の車両内で異臭」

情報は錯綜していた。

直感的に「来る」と思った。科捜研に、緊急鑑定が持ち込まれるのである。

地下鉄の車両や駅構内で、多数の人が同時に体調を崩している。半密閉空間という状況から考えると、ガス化する何かの毒物が発生しているに違いない。違和感を覚えたのは、いくつもの場所から同じような状況が報告されていることだ。広域かつ同時に起こっているとすれば、人為的な原因である可能性が出てくる。

ふと、前の年に佐藤英彦刑事部長（後に警察庁長官）からかけられた言葉が蘇った。

「服藤君。もし東京都心でサリンが撒かれたら、すぐに対応できるようにしておいてくださいね」

前の年、つまり平成6年6月27日、長野県松本市の住宅街で猛毒の化学兵器サリンが撒かれ、死者8人、重軽傷者約600人の被害が出た。犯人は、まだ捕まっていなかった。警察庁の科学警察研究所（科警研）が分析を担当したが、毒物が国内で初めて使われたサリンだったため、突き止めるのに苦労した話を聞いていた。

「準備は、すでにできています」

佐藤刑事部長に向かって、そう答えたのを覚えていた。しかし今は、考えないようにしようと思った。とにかく自室へ戻り、何が持ち込まれても鑑定できるように、準備にかかった。

緊急鑑定は、持ち込まれた資料から溶媒抽出という方法で原因物質を取り出し、分析機器にかけて同定する。一般に毒物は、水溶性、非水溶性、その中間の性質に分けられる。酸性・アルカリ性の液性によって、分解してしまうものもある。大切なのは、資料から対象物質をどのように抽出するか。抽出する溶媒は、鑑定人が各自の処方箋で調整するから、力量が問われるところでもある。

当時の私は、3種類の溶媒を用意していた。水に溶けやすい場合は、アルコールを主体としたもの。油性には、ヘキサン（ベンジンの主成分）を主体としたもの。中間の場合はヘキサンとクロロホルムの混合液に、状況によってアルコールを混ぜたものを主体とし、鑑定資料に応じて使いわけていた。分析機器は、ガスクロマトグラフ質量分析装置（通称ガスマス）だった。

通常は、原因と思われる液体や固体が現場で発見され、慎重に持ち込まれる。発生した物質が気体である場合は、特殊な資機材がないと収集・運搬・分析は難しい。突発的な事態だったり被害者への対応に追われる現場では、気体の採取は不可能に近いといえる。

「急いで頼みます」

9時5分ころだった。緊張した声と同時に、捜査員が駆け込んで来た。

鑑定資料の受付は、若手の職員が行なうのが慣例だ。しかしこのとき、受付には誰もいなかった。部屋の責任者である管理官は、所長と一緒にすでに霞ケ関駅へ行っている。ビニール袋を差し出す捜査員と目が合った。自分が鑑定すべきとすでに決めていたので、自然に歩み寄った。

「お願いします。築地駅構内に停車中の、車両床面の液体を拭き取ったものです」

受け取るが早いか、

「現場の状況はどんな感じですか。被害者の方々は？」

と訊いた。鑑定に際し、少しでもいいから現場の情報を知りたかった。

「たくさんの人が咳き込んだり、うずくまったりしています。吐き気や、目や喉の痛みを訴えている人がほとんどです。症状のひどい人は、痙攣《けいれん》を起こしていたり、泡を吹いたりしています。心臓マッサージを始めている人もいます」

一呼吸おいて、

「それから、みんな一様に『暗い暗い』と言っています。実は私も今、暗いんです。この部屋、電気ついてますよね？　でも、夕方のように暗いんですよ」

「ちょっと目を見せてくれる？」

捜査員の目をのぞき込んだ。瞳孔がピンホールのように小さくなっていて、手で影を作ってもピクリとも開かない。

「縮瞳《しゅくどう》が起こってる。早く警察病院に行ったほうがいい」

と声をかけて、捜査員を帰した。

心肺停止の人がいる。泡を吹いているのは、肺水腫を併発しているためだ。骨格筋の痙攣を起こしている人もいる。そして縮瞳――。「有機リン系の毒物だ」と、直感的に思った。普段なら、有機リン系の毒物といえば農薬を想定するのだが、いやな予感が再び脳裏をよぎる。

さて、受け取ったビニール袋をどこで処理するか。通常、ガスが発生する毒物資料を処理する際は、ドラフトチャンバーを使う。壁面に設置された、上下スライド式のガラス窓が付いた小型作業装置で、内側に吸気装置が付いており、排気は無毒化されて屋外へ排出される。ドラフト内に空気が吸引されるため、室内に危険なガスは出てこない構造になっている。そこへ手だけ入れて作業する。

ところが、当時の警視庁科捜研にあったのは簡易ドラフトで、排気の無毒化装置が付いていなかった。しかも吸引したガスの一部が、廊下へ排出される仕組みだ。

「これじゃダメだ」

とっさの判断で、ピンセット、溶媒◆註1の入った共栓◆註2付き三角フラスコ、受け取ったビニール袋を持って、屋上へ駆け上がった。屋上に着いてからゴム手袋とマスクを忘れたことに気づいたが、部屋に戻る時間が惜しい。少し吹いていた風を背にして、息を止めて作業しようと決めた。

ビニール袋は三重になっていた。中には、薄黄色の粘性のある液体で湿った脱脂綿が入っている。1つ目のビニール袋をほどいた時点で、共栓付き三角フラスコをその中へ入れた。最も内側の袋を開くときは息を止め、長さ約30cmのピンセットで慎重に脱脂綿を摘まみ上げ、フラスコに入れて素早く蓋をした。

これで一安心。溶媒に溶かしてしまえば、ほとんど揮発しないのである。このあと、通常は薄層クロマトグラフィーなどで精製したのちに分析するのだが、時間がない。資料が汚染されていなかったことと緊急性・安全性を考慮し、そのまま分析装置にかける選択をした。

9時34分、ガスクロマトグラフ質量分析装置のモニター画面に、構造式と共に文字が映し出された。

〈Sarin〉

「やっぱり」と「なぜ」が交錯した。サリンの実物を見たことはないが、無色の液体と

◆註1
「溶媒」物質を溶かす溶液（液体）のこと。ここでは未知の毒物を抽出するための有機溶媒を指している。

◆註2
「共栓付き三角フラスコ」手に持って振ることで内容物を攪拌させるため、ガラスの栓が付いているフラスコ。

されている。分析では、サリンと共にN，N－ジエチルアニリンが検出された。反応促進剤として用いられることもある物質で、脱脂綿に付いていた液体の薄黄色は、これが由来だと推定できた。

「すると不純物の混在した、精製されていないサリンか？」

通常の鑑定では、複数の分析・検査によって物質を特定する。しかし本件の場合、結果の特定は緊急を要する。危険性も高く、他の検査法を併用する余裕がなかった。そこで、資料の性状や被害者の症状なども総合的に踏まえ、サリンで間違いないと結論付けた。

一方で、同時多発的に起こっているとすれば、複数の者が関わっていることになる。日本にそのような組織が存在し、その組織の中にはサリンを生成できる人物がいることに驚愕した。

何よりも、誰が何のために……との思いが駆け巡った。

◆註3

平成7年3月20日月曜日。地下鉄サリン事件の朝である。

病院からの切迫した電話

何よりも、被害者への対応を急がなければいけない。早く現場に知らせないと、被害者の数がどんどん増えてしまう。医療現場にも情報を開示しなければ、緊急処置や初期治療に誤りを生じる恐れがある。

部屋に戻って検査結果のメモを作成し、急いで報告しようと所長室へ向かった。廊下を小走りしているとエレベータの扉が開き、管理官◆註4が出てきた。

「管理官、サリンを検出しました」

それに対する言葉はなく、「どこに行くんだ？」と訊かれた。

「所長のところへ報告に行くところです」

「ちょっと待て。俺が行く」

◆註3　「地下鉄サリン事件」東京の3つの路線を走る5本の地下鉄車内で、化学兵器サリンが散布された。乗客や駅員14人が死亡し、負傷者は6300人。オウム真理教教祖・麻原彰晃の目的は、目前に迫った強制捜査を遅らせること。警察、検察などの中央官庁や裁判所のある霞ケ関駅が狙いだった。

◆註4　「管理官」警視庁の職名のひとつ。警視庁本部の管理官は、参事官・理事官に次ぐ職位で、統括役として任務を遂行する。管理官は「警視」の階級をもって充てられる。

そこでメモを渡したが、管理官は所長室に向かわず、鑑定室へ戻って行く。

「早く報告したほうがいいと思います」

「待て。霞ケ関駅から採取した資料を、これから検査させる。その結果と併せて報告する」

「異同の可能性も大事ですが、まずは一報を入れないと、現場の被害が拡大すると思います」

すると突然、「ガツガツするな！」と怒鳴られた。

2つ目の資料の検査を部下が行なっている間、テレビのニュースを見ていると、消防庁からの情報として「現場に撒かれた毒物はアセトニトリルらしい」との報道があり、毒物の専門家がコメントを始めていた。

「これはまずい。ミスリードになってしまう」

何とも言えないイライラと、抑えられない感情が湧いた。

卓上の電話が鳴ったのは、午前10時少し前だった。交換手は「自衛隊中央病院から外線で、科捜研の毒物担当者を指定している」と告げた。代わってもらうと、電話をかけてきたのは医官だった。

「現場と被害者の状況をテレビで見ていますが、サリンの症状に似ていると思います」

驚いた。自衛隊は凄いと改めて思った。とっさに、

「いま、その可能性も含めて検査しています。ありがとうございます」

と答えた。また電話が鳴った。交換手が「110番通報がたくさん来て困っているので、専門的な内容はこちらに繋いでもいいか」と訊いてきた。

「いいです。こちらで対応します」

と答えて繋いでもらうと、今度は聖路加国際病院の医師だった。被害者が次々に運び込まれて大変な状況が、背後の音声で伝わってきた。

「原因の物質が何か、わかっていたら教えてください。処置に困っています」

人の命がかかっている。責任は自分で負うと決めた。

「縮瞳は起きてますか」

「起きてます」

「有機リン系の毒物として対応してください。ＰＡＭ、アトロピンはありますか。二次被害にも気をつけてください」

ＰＡＭもアトロピンも、有機リン剤中毒の解毒剤だ。サリンだとはっきり言えないが、感じ取ってくれればと祈った。落ち着かない気持ちで手の空いていた自分が、これらの問い合わせに対応できたことは、逆に幸運に思った。

2つ目の検査結果が出て報告の準備が整ったときは、ゆうに10時を過ぎていた。警視総監の下、緊急会議が10時から始まっており、報告はすでに後手に回っていた。11時、寺尾正大捜査一課長の記者会見で、築地駅構内の車両の床面から採取した物質がサリンであることが広報された。

科捜研では危険性を考慮して、その後の鑑定はストップとなった。それでも資料は持ち込まれる。床の液体を拭き取ったモップやちり取り、衣類などさまざまだった。これらは屋上のプレハブに移して密閉後保管し、不要なものはアルカリで分解・除染した。

午後になっても鑑定室は混乱していたが、私の頭の中は整理がついていた。将来の公判を考えたとき、現場などからサリンは検出しているが、その被害を受けたという事実をどう証明すればよいのかと考えた。解剖所見は得られるし、状況証拠も得られる。しかし、体内から物質として証明することも考えておくべきではないだろうか。

自分の判断で、庶務担当管理官に進言した。

「刑事部長至急電報を打ってください。証拠として重要になるかもしれませんので、『被害者の血液などが医療行為で確保できているものは、科捜研に持ち込んでください』と。ただし、その目的のための採血はしないように、注意書きをお願いします。もう一点。被害者の着衣やその他の二次被害についても、注意喚起するように広報していただきたい」

「よし、わかった」

と、庶務担当管理官は対応してくれた。速やかに各署に電発され、二次被害については捜査一課長が会見で話すことになった。

科警研の研究員も、科捜研に顔を出し始めた。

「服藤さん。サリンの鑑定、ずいぶん早かったね」

毒物の研究で親しかった、主任研究官の瀬戸康雄技官から声をかけられた。先に述べた通り、前年6月の松本サリン事件で使用毒物の特定に手間がかかった経緯から、備えをしていたためだった。

平成2年に警視庁管内で、化学剤のイペリットを使用する事件が発生した。製薬会社の研究所に勤める26歳の男が、交際相手の女子大生がほかの男性とも付き合っていたことに腹を立て、彼女のマンションや実家の門扉の取っ手、郵便受けなどにイペリットを塗りつけ、家族に火傷を負わせたという事件だ。その臭いからマスタードガスとも呼ばれ、国際法で使用が禁じられているイペリットは、この男が自作したもの。日本国内で化学兵器が使われたのは、これが初めてだった。

その鑑定のときにはデジタルのライブラリなどなく、印刷された分析チャートを片手にデータ集とにらめっこだった。鑑定資料からはタマネギの腐ったような臭いがしていたが気にも留めずに扱っていて、イペリットらしいとわかってから大騒ぎになった。慌てて資料を密閉保管し、実験台の隅々までアルカリ除染して、身体も丁寧に洗ったことを今でも覚えている。

ちょうど1年前、私が所属していた科捜研第二化学科では、関連分析機器を更新した。兵器として使用される化学剤を含む多くの物質の分析データがライブラリに入っていて、分析と同時に自動的に検索できるアメリカ製の機器を導入していたのだ。わずか29分でサリンを同定できたのは、そのおかげもあった。

実験ノート

翌日は春分の日だった。その翌22日に山梨県上九一色村《かみくいしき》にあるオウム真理教の施設へ大規模な捜索が入るらしいと、先輩係長から聞かされた。科捜研にこの手の情報が伝わってくるのは、たいてい最後だ。

22日朝6時ちょうどに始まった現地部隊の活動を、始発出勤で集まった我々は、テレビ中継で見ていた。上九一色村を中心として、サティアンという大規模な建物が12棟点在する。やがて、付随する倉庫などから、多数の化学薬品が発見され始めた。その後、第7サティアン内に化学プラントがあるようだ、という話が聞こえてきた。

24日の午後4時ころ、卓上の電話が鳴った。

「服藤さん。刑事部対策室に来てください」

廣畑史朗刑事部参事官[註5]からだった。

何だろうと思いながら、本部庁舎の刑事総務課へ向かった。そもそも科捜研の研究員は、研究所から出る機会があまりない。刑事部対策室の場所さえわからない始末で、刑事総務課の課員に教えてもらい、部屋のドアをそっと開けた。

中はコの字型に机が配置され、各種無線機やモニターが整備され、壁面には各テレビ局の番組が映されていた。上席の中央に石川重明刑事部長が座っており、両脇に刑事部参事官と刑事総務課長が陣取っている。

汚れた白衣姿の私は、場違いなところへ迷い込んだ気がした。

「おおーい。ここだ、ここだ。服藤さん、ここに座って」

ひな壇の席から手を挙げて、私の名前を呼ぶ声が聞こえた。廣畑参事官である。勧められた席は参事官の目の前で、理事官[註6]が座る最上席の隣だった。

「とにかく科学がわからないんだ。ここにいて、いろいろ教えてよ」

と促されて席に着くと、弘光朗理事官から、

◆註5
「参事官」警視庁の職名のひとつ。警視総監及び副総監の命を受け、部の重要事項を掌理する。独任官として部に置かれる職で、理事官より高い職位。

「現地でたくさんの薬品が発見されたんだが、それらを輸送するときの危険性を指摘して欲しいんだ」

と押収品目録を渡された。そこには、毒物、劇物、危険な薬品類をはじめ、およそ宗教団体が所持するとは思えない極めて多くの化学物質の名前が並んでいた。しかも、量が半端ではない。

輸送するには、固体か液体かという性状や反応性などの性質により、密閉性や積載方法が異なる。たとえば強アルカリと強酸が接触すれば、発火や爆発の恐れがある。輸送自体が困難な毒物もある。目録を一つ一つ調べ、分類し終えた。

その日以降、捜査本部や現地指揮本部から、電話がひっきりなしにかかって来た。次第に、科学に関することは何でも対応するようになっていった。

押収品の目録は、毎日数cmの束になった。精査している中に「実験ノート」とあるのが気になった。植山泰夫管理官に「これが気になるんですけど」と言うと早速、現物を取り寄せてくれた。

そのノートの表紙には、「ウパヴァーナ」と書かれていた。教団内に省庁制を敷いていたオウム真理教で「科学技術省サリンプラント責任者」を務める幹部信者のホーリーネームであることなど、その時はまったく知らなかった。指紋採取前だったので、手袋をして慎重に扱い、読み込み後に鑑識課へ回付することにした。

ページを開いてみると、反応式や物質名、沸点、融点、凝固点の文献値や実測値など、多くの化学的・物理的な内容が記載されている。

「これ、誰が解析しているんですか」

気になって、植山管理官に尋ねた。

「大崎署の捜査本部で読み込みしてるよ」

「読み込みしてるのは誰ですか」

「捜査員だと思うよ」

「内容が科学に関することですから、研究員が読み込まないと理解できないものが混在してますね」

この実験ノートは、オウム真理教がサリンを持っていた証明になると思われた。サリンという文字こそ見つからなかったが、「サッチャン」という記載や、明らかに最終物質がサリンになる反応式が書かれていた。そして、記載されている沸点や融点の実測値

◆註6

「理事官」警視総監及び副総監の命を受け、所属部長を補佐する。独任官として警視庁本部の各部、警察学校等に置かれる職位で、管理官より高い職位。

に、サリンの文献値と一致する数値が混在しているということは、実際にサリンを作っていたということになる。

「いま把握している押収薬品から、サリンが作れるだろうか」と気になり始め、文献を調べてみた。実験ノートの記載とは一部異なっていたが、作れる可能性があるとわかった。被害状況と地下鉄車両の空間体積から、撒かれたであろうサリンの量も概算で求めた。イペリットやVXの生成が可能であることも併せて、報告書にまとめた。これらについて植山管理官に話すと、刑事部長に直接報告したほうがいいと言われた。

3人だけの秘密

石川刑事部長に対面するのは、このときが初めてだった。

「君はこんなことがわかるのか」

と感心されたのを思い出す。私がオウム捜査に「資料分析科学班」の設置を進言すると、部長は即座に受話器を持ち上げ、科捜研の所長に電話した。

「ああ、石川だが」

と言って、科捜研の研究員をブツ読みのために大崎署へ派遣するよう下命した。続けて、

「ところで、いま来てもらってる服藤君なぁ。しばらくの間、派遣継続してもらえるかなぁ」

3月26日だった。この日以降、押収されたフロッピーディスクやプラントの設計図など、自主的に解析した内容を部長に報告することになる。

3月30日朝、刑事部長が言った。

「服藤君。大崎の専門の分析班なんだが、こちらに何も上がってこないんだ。ちょっと見てきてくれんかなぁ」

さっそく大崎署へ赴いた。証拠品は署の敷地にある別棟に集まっていたが、量が莫大で、すでに手狭になっていた。派遣されている科捜研の研究員をつかまえて訊いた。

「刑事部長から報告が上がってこないと言われたんだが、どんな風にやってるの？」

「毎日、デスク◆註7のほうから『これ頼みます』と渡されるので、それを読み込んで、メモで回答しています」

回答を見ると、簡潔な内容だった。しかも輪番制なので、複数の研究員が入れ替わり立ち替わり来ていて、申し送りや引き継ぎがなされていなかった。指示待ち感の漂う、要はやっつけ仕事である。

◆註7
「デスク」特別捜査本部のデスクのこと。捜査本部で捜査指揮・庶務的な実務、各種情報の集約など中心的な仕事をまとめて行なう。

これではダメだ。私はデスクのところへ赴いて事情を説明し、

「全部見せてもらえますか」

と申し出た。その日までに科捜研の研究員によって整理された資料が、段ボール箱で10箱くらいあった。それを全部借り受け、目を通した。6時間ほどで斜め読みしながら、必要なものだけコピーした。それでも、積み上げたコピーの高さは10cmに達した。

帰庁して対策室へ戻ると、部長が「部屋で聞こう」と言うので、刑事部長室で2人だけになった。

私が持ち帰った情報は、宝の山だった。

・サリンを保有している科学的証拠
・手書きのプラント検討図、建設工程表
・細菌類の研究記録と、菌株を多数保有している証拠
・銃火器、レーザー銃、金属爆弾の製造記録
・原子炉に関する民間企業の極秘文書
・細菌などに関する人体実験のデータ
・把握していない信者などを含む名簿
・オウム真理教各大臣等、運転担当の電話番号、車両番号など
・パスポートの取得に関する情報

1時間近い説明に、部長はじっと聞き入っていた。そして口を開いた。

「服藤君。これな、いままで把握していないことがたくさんある。凄い内容だ。明日以降の部隊編成にも関わるので、明日の部長会議で説明する。悪いが、A4で2、3枚にまとめてくれんかぁ」

大事な内容は、元の量に関係なくA4で2、3枚にまとめる。〝我が社〟のパターンである。

「人目につかないほうがいいな」

部長はそう言うと、刑事総務課長に電話した。

「ああ、石川だが。君の部屋、書類まとめるんで服藤君に貸してくれるかな」

上村弘明刑事総務課長が飛んできて、3つ隣の個室へ通された。

「服藤君、ここ使って。終わったら電話してくれれば、鍵開けるから」

そう言うと、外から鍵をかけられてしまった。

2時間くらいかけてとにかくまとめ、再び刑事部長に報告した。併せて、なぜ捜査本部から分析結果の報告が上がってこないのか、私見を述べた。日替わりで解析担当が変わっていること、対象資料がデスクの割り振りになっていること、自らの判断で資料を選択して継続的に解析しなければ良い結果に繋がらないこと、などを進言した。

すると部長から「誰がいいと思う?」と訊かれたので、科捜研の若手研究員の中から、化学分野2名と物理分野2名の名前を挙げた。部長はメモしたかと思うと受話器を持ち上げ、科捜研の所長に電話した。

「ああ、石川だが」

と言ってその4人の名前を挙げ、大崎署のブツ読みに派遣を命じた。これを機にブツ読みは軌道に乗るのだが、あとで所長から叱られた。科捜研も大変な時期なのに4名も若手を派遣させてしまったのは失敗で、返す言葉もなかった。

受話器を下ろすと、部長は言った。

「服藤君なぁ。君は明日から思うようにやれ。どこでも行けて、何でも見られるようにしとくから。いいか、オウムの科学を解明して欲しい。

そして1日に1回は、必ず俺のところへ報告に来てくれるか。寺尾一課長にだけ、同じ内容を報告してくれ。他には誰にもしゃべるなよ」「いいか。3人だけの秘密だぞ」

毎日午前0時、石川刑事部長への報告が日課になった。内容によっては1時間から2時間を要する場合もあり、次に行なう寺尾一課長への報告は午前2時を過ぎることもしばしばだった。それでも一課長は、自室で待っていてくれた。終了は午前4時を回る日もあった。

寺尾一課長への初めての報告の際、押収資料はますます増えるので、もっと大きな場所でしっかりした部隊を編成したほうがいいと進言した。

次の日の午後、寺尾一課長から声がかかった。

「ハラさん。一緒に来てくれませんか」

寺尾一課長は、私のことを「ハラさん」と呼ぶようになっていた。新橋庁舎の1階にある大会議室へ連れて行かれ、

「ハラさん。ここでどうですか」

押収資料の分析と保管のために、この部屋を押さえたという。一課長は凄い。あっという間にこんな場所を確保してしまう。広かったし、申し分なかった。

上九一色村へ

資料を読み込むうち、公判を見据えたとき詰めておかなければいけない点に、多々遭遇した。新しい知識も必要で、国会図書館から入手した数々の文献を読み込んだ。サリン関連の論文だけで150本以上を読み込んでいる者など、当時の日本にはいなかったと思う。海外ではサリンの生成法はネット上でオープンになっており、特許も公開されていたのは驚きだった。

4月1日になった。持ち込まれた資料の分析結果を報告していると、刑事部長から、

「服藤君。上九《かみく》へ行って来てくれんか」

と言われた。上九一色村である。

サリン反応釜へのストリップ階段を降りる著者
（著者提供）

「毎日、検証してるんだが、プラントを理解している者がいない。どこから資料を採ったらいいかもわからないらしい」

当然だと思った。化学の専門家ではない捜査員や鑑識課員に、サリンの生成工程やプラントの全体像が理解できるはずもない。

翌々日、早朝から第7サティアンへ向かった。第7サティアンは3階建てで、吹き抜けがある。それぞれの階に何があるか、原料タンク、反応タンク、貯蔵タンク、各工程のタンク類がどこに配置されているか、図面によって全て頭に入っていた。

最初に向かったのは、最終第5工程、つまりサリンを生成する反応釜だ。2階のハッ◆註8チドアで分離された密閉空間から、シャワールーム（有毒物質を浴びたとき、急いで洗い流すためにつくられていた）を介さないと入れない。しかも反応釜は堅牢な金属製の四角い姿をしていて、錆の付いた狭いストリップ階段を降りた先にあった。サリン反応釜の覗き窓を外し、内部の付着物を採取した。

各工程のメイン反応釜も、設計図通りだった。設計図にないタンクや装置、配管の外れなども見受けられたが、プラントとしてのフローはしっかり摑めた。各種原料の投入口も確認できた。

気になったのは、第7サティアンと第10サティアンの間にある2つの実験棟だった。第一厚生省大臣・遠藤誠一と第二厚生省大臣・土谷正実のホーリーネームがそれぞれ付いた「ジーヴァカ棟」と「クシティガルバ棟」である。予定にはなかったが、自分の判断で両方に入ってみた。クシティガルバ棟は、化学実験棟だった。中に入って「これはやばい」と瞬間的に思った。

「これだけの施設なら、何でも作れてしまう」

入って右側に反応釜があった。エチレンガスを取り込む装置があり、イペリットを合成していたと思われた。添加剤を入れるホッパー、攪拌翼や加熱装置も付いており、この反応釜はさまざまな化学物質が合成できる。

◆註8

「ハッチドア」潜水艦の出入口のように、ハンドルを回して完全密閉するドア。

クシティガルバ棟（著者提供）

奥の壁面に、隠し部屋のような化学実験室がさらにあった。グローブボックスやドラフト装置、有機合成用薬品類。何でもありだった。冷蔵庫にしまわれていた中間生成物や、ドラフト内の付着物も採取した。

隣のジーヴァカ棟は生化学実験棟で、違う意味で怖かった。「冷蔵庫は絶対開けるな」という共通認識が芽生える原因ともなった場所だ。まず、オートクレーブ（病原体などを死滅させるための滅菌装置）が目に飛び込んできた。奥には、エアカーテンの付いた生化学作業室、ＤＮＡ研究室などが続く。電源が落とされているので、異臭が漂っていた。

帰庁は深夜になった。刑事部長と一課長に、クシティガルバ棟ではサリンや他の化学剤も容易に合成可能であり、ジーヴァカ棟も同様で、生物剤やDNA絡みの研究を行なっていた可能性もあることを報告した。ジーヴァカ棟は本当に危険そうなので、専門家を立ち会わせてしっかり検証したほうがいいと進言した。

さらに、地下鉄で使われたサリンは、第7サティアンのプラントではなく、どちらかの実験棟で生成された可能性が高いことを申し添えた。

第7サティアンは5工程からなるサリン生成プラントである。現場の状態や原料の投入状況などから第4工程までの稼働は確認できたが、最終工程の稼働は後日の鑑定結果にゆだねられる状況だった。それに比べ、クシティガルバ棟、ジーヴァカ棟の化学実験室のドラフト内は、頻繁に有機合成などを行なっている状況が見て取れた。ドラフト内に、多数の使用器具が揃っていて、汚れも付着していたからだった。

新橋庁舎の大会議室は、正式に「オウム真理教押収物分析センター」となった。約60名の体制で発足し、人数は次第に増えていった。押収資料も日増しに増え、手狭になっていく。私は科学的特命班の班長として編成表に載っていたが、刑事部長の特命分析を行なっていたため、日に1度行けるかどうかの状態だった。昼休みの時間帯に顔を出すと、疲れ切って爆睡している者も多くみられた。

寺尾捜査一課長からも、よく電話がかかってくるようになった。部下からの報告に科

学的な内容やわからない点があると、一課長室へ呼ばれるようになったのだ。ついに、

「ハラさん。ここにいてくれませんか。私の部屋で仕事していいですから」

と言われ、捜査一課長室の中に私の席が作られた。一課長は外出するときも、

「ハラさん、そのままいていいですから」

と言い、周りにも、

「ハラさんが中にいるからな」

と声をかけて出て行った。これで、私の席は3つになった。刑事部対策室、新橋の分析センター科学的特命班、捜査一課長室だ。

「服藤君。明日、一緒に部長会議に出てもらおう。総監に、君がこれまで分析した結果を報告して欲しいんだ」

石川刑事部長から言われて翌朝の部長会議に出席し、井上幸彦警視総監に報告した。

「君が服藤君か。石川君からいろいろ聞いてるよ」

説明の合間に質問を受け、関連部長だけ残って、さらに詳細な説明を行なった。会議終了後、渡邉和志生活安全部長から電話がかかってきた。渡邉部長は、かつて私が医学博士を取得したときの刑事総務課長だったので、よく存じ上げていた。当時、新聞などの取材を受けた際に、

「研究員としては、あまり表に出るのは控えたほうがいいと思っています」

と伝えたところ、笑顔で、

「いやー服藤さん。警視庁にはこんな凄い人がいて、都民の平和を守ってるんだということでいいんだよ。これから服藤さんには、広告塔としてどんどん出てもらおうと思ってるんだ」

と話されたことを今でも忘れない。その渡邉部長から、オウムの件で生活安全部の関わっている薬物や銃器関連の質問を受け、意見も求められた。その後、担当課長から電話が入った。

「渡邉部長から『今回の件は、服藤先生に全部聞け』と言われた」と前置きして、質問が始まった。

この日を境に、「公安部長から下命を受けた」「警備部長から言われた」など、所属長クラスの人からの電話が増えていった。「部下に説明して欲しい」「講義をして欲しい」といった依頼も殺到し、丁寧に対応していった。

夜になって、部長と一緒に東京地検へ行くことになった。分析結果を説明して欲しいと言う。地検の齋田國太郎刑事部長と神垣清水副部長が同席した。帰庁すると、今度は寺尾一課長が、東京地検へ一緒に行って欲しいと言う。

「東京地検は、部長と今行ってきました」

「いやいやハラさん。行く場所が違うんですよ」

同行すると、特捜本部を指揮する鈴木和宏主任検事のもとだった。一課長から、

「彼が服藤さんです。この人が、オウムの科学を全部知っています」

と紹介され、ここでも分析内容を説明した。

「土谷に会ってきてくれませんか」

連日、分析・報告・相談に追われながら、捜査一課長室を拠点に活動していた。帰宅は深夜の3時4時になった。それまでの分析結果をまとめて「サリン生成に関する証拠の分析結果について」を作成したのは、4月17日だった。

その直後の午前0時過ぎ、いつものように刑事部長室で石川部長に報告をしていると、寺尾一課長が加わった。この頃になると、刑事部長室で3人で話す機会が多くなっていた。一課長が部長に向かって、そろそろサリン関連の令状請求準備にかからなければいけないと言うと、

「誰か、オウムの組織がわかるやつはいないかな」と部長。

「全体がわかる者はいませんね」と一課長。

「あのぉ。それって、麻原の下に科学技術省大臣の村井秀夫や建設省大臣の早川紀代秀がいて、村井の下に次官のWやTがいる、というような組織図ですか」と私。

「ハラさん、それわかるのか」

「服藤君、どうしてわかるんだ」

　驚いたように、2人から同時に訊かれた。

「私は捜査のことはわからないし内容も聞いていませんが、科学的な部分だけ読み込んでいても、それぐらいはわかります」

　実験ノートやフロッピーディスク、信者の手帳類、科学的な内容が記載されている箇所だけのコピーでも、読んでいると「誰に報告」「誰に指示」など、上下関係が自ずと見えてくる。登場する人物名は、ホーリーネームも併せて全部覚えてしまっていた。

　登場人物がさらに増えてきたので、プラントやサリン、禁制薬物など、各人が何をやっていたか証明できるものは全てコピーを取り、整理していた。その分量は、すでに風呂敷ひと包み以上になっている。

「ハラさん。悪いけど、それまとめてくれませんか」

　一課長から頼まれた。科学的な内容における繋がりしか摑めなかったが、後に令状を請求する段階で、各容疑者を担当する捜査員にこれらを説明することになる。地検でも同様だった。

　4月28日の朝だった。一課長から、

「土谷に会ってきてくれませんか」

と言われた。第二厚生省大臣の土谷正実。「クシティガルバ棟」の主である。一昨日、第2サティアンの地下隠し部屋で逮捕されていたが、何もしゃべらないらしい。

「科学の話でもしてきてください」

しばらくすると、新橋の分析センターでデスクを務める小山金七係長から電話がかかってきた。別名「落としの金七」。寺尾一課長が丸の内署の刑事課長だった時代に右腕として働き、数々の指名手配犯を検挙している。その金七さんからのアドバイスだった。

「服藤先生。土谷に会うんですって？　いつですか」

捜査員が科捜研の研究員を「先生」と呼ぶのは、慣例となっていた。

「今日の夕方です」

「時間がないですね。先生の場合は取り調べではないので、土谷の学生時代や研究のことなど調べておいたほうがいいと思います」

と言って、ポイントを教えてくれた。土谷は、都立高校から一浪して筑波大学農林学類に入学。大学院の化学研究科へ進んで、有機物理化学を専攻している。すぐに筑波大学大学院の研究室に電話し、在学当時の研究内容や文献を手に入れた。

「築地署に行ったら、サングラス風の眼鏡をかけてパンチパーマのヤクザみたいな、大峯というのがいますから」

と、寺尾一課長から言われていた。午後6時頃に築地署へ赴き、担当の大峯泰廣係長を訪ねると、本当にヤクザのような風貌だった。直ぐに土谷と対面。大峯係長が私を紹介してからも、黙秘は続いた。大峯係長は土谷に言った。

「ここにいる人は偉い先生なんだぞ。お前のやってることなんか、全部わかってるんだからな。黙っててもダメだから。さっさとしゃべっちまえよ」

土谷は何も話さず、目を瞑っている。

「2人きりにしてくれませんか」

と頼み、大峯係長と取り調べ補助担当に退室してもらった。

土谷は大学院で、光による有機化合物の化学反応などを研究していた。詳細はよく理解できないが、応用範囲は広そうに感じた。研究室のことや内容に関する質問から、淡々と始めていった。

「面白い研究してたんだね」

そのうち目を開けて、ジッとこちらを見ながら話を聞くようになった。そして、簡単な答えから自然にしゃべり始めた。

「大学院時代の研究は目標が見えなくて、ただただ日々を過ごしていた。このままでいいのかと、いつも思ってた」

「残って頑張れば、教授にもなれたんじゃないの？」

大きく首を振って「僕なんか無理ですよ」と言う。

「博士課程にも進んだけど、教授になれるほどの能力もないし、挫折しかかってた」

能力はあったのに、コンプレックスも持ち合わせていたのかと感じた。しばらくの間、このようなやりとりをしてから、

「オウムはどうだったの？　研究はできたの？」

「最高だった」

「どんなところがよかったの？」

「何でも好きな研究をさせてくれた」

「君の研究室を見てきたよ。いろんな機械があったね。ガスマスや、高性能のＩＲ（赤外線分光分析装置）もあったね」

「お金はいくらでも出してくれました。高性能のものを揃えてました」

「コンタラボ◆註9あったね。あれは何に使うの？」

「自動的に有機合成する機械で、まだ実験中だった」

「私は学生時代は分析化学が専門だったから、あんなの見たことないよ」

このとき、取り調べ補助が部屋に入ってきた。話の内容がオウムでの研究に及んだので、記録を取るためだと思った。

「実験棟の入り口にあった反応タンク、凄いね」

「あぁ、あれね」

明らかに、態度が硬化したのがわかった。話は途切れがちになった。

「サリンの文献があったけど、サリンの研究もやってたの？」

と尋ね始めると、だんだん答えなくなっていく。

「実験ノートを見せてもらったんだけどね」

「……」

「沸点と融点の測定データが書かれてて、その数値がサリンのものと一致するんだけど」

などと話しかけたが、完全黙秘になっていった。そして最初のように、目を瞑ってしまった。記録係はまた部屋から出て、2人きりになった。

そこで、用意していた白紙の束を机に出し、無言のままゆっくりと、サリン生成の工程や実験ノートに記録されていた反応式などを書いていった。全て記憶していたので、その作業を淡々と続けた。

しばらく続けると土谷は目を開け、反応式や科学データを気にし始めた。そして、ある反応式を書き始めたとき、その過程をじっと目で追っていた。私が書き終えた式を見

◆註9

「コンタラボ」化学合成実験を自動で行なうための「合成実験自動化システム」の商品名。

つめながら身体を起こし、もう一度見入ってから天井を見上げたりしていた。

この式は、表紙に「ウパヴァーナ」と記載されたノートに書かれていたもので、ウパヴァーナとは、サリンプラントの建設責任者だったTのホーリーネームだ。Tが土谷からサリンについて教示を受けながらメモしたのがこの反応式だったことが、後にわかった。

それは、文献では見つからなかった反応で、原料の中に四塩化ケイ素があり、中間生成物もガスが主体で反応が進んでいく、非常に特殊な式だった。しかし私は、クシティガルバ棟の冷蔵庫で四塩化ケイ素の褐色薬品瓶を現認していたので、合成実験を行なっていたという確信をすでに持っていた。

自分で考えた合成法だから「なぜ知っているのか」と、土谷はいぶかしく思ったのかもしれない。押収資料を科学的に深く読み込んでいなければ理解できないし、まず目に留まらない内容だったからだ。

土谷は、しばらくすると椅子から腰を上げ、記載した内容全てを覗き込むように見入り始めた。見ては腰を下ろし、目を瞑って天を仰ぐ仕草を繰り返した。その後しばらくして、身体を前後左右に揺らす仕草が加わった。見ると手や指が小刻みに震えている。動揺している様子が、取り調べに素人の私でも見て取れた。

ここで大峯係長が入室し、私は退室するように促された。トイレに向かったが、なかなか尿が出ない。自分では気付かなかったが、極度に緊張していたのだ。すでに午前0

時を回っていた。感覚では1時間ぐらいだったが、5時間以上も2人きりで話をし、延々と反応式を書いていたことになる。

翌日、大峯係長から電話があった。

「土谷が『先生に会いたい。話がある』と言っているんで、来てもらえませんか」

しかしその日は余裕がなく、そのままになってしまった。5月11日になって、寺尾一課長が言った。

「土谷が落ちましたよ。『警視庁には凄い人がいる。私がやったことはみんなわかってるんだったら、黙っていてもしょうがない』と言って、喋り始めました」

土谷は、ウパヴァーナのノートに書かれた反応式について、

「自分で考えて合成してみた。サリンは出来たが、収率が悪くて中間生成物もガスで取り扱いにくかったので、不採用にした。大した内容ではないが、そこまで解明しているのかと思った」

と語ったという。その日以降、寺尾一課長を経由して、毎日のように土谷の手書き資料が届き始めた。初めは、クシティガルバ棟の見取図。次が、サリン生成の反応式だった。押収資料からすでに解明していた反応式を、土谷が自供して初めて示されたものとして見ているのが、奇妙な感じがした。自分の解析が正解かどうか、答え合わせをして

いる気分だった。そして、その答えはすべて一致した。

土谷はさまざまな犯罪の謀議や、現場の実行部隊に参加したことがない。興味もなかったと思われる。科学の知識、すなわち反応式とそれに付随する専門的知識が、彼の自供のすべてだった。自供は、地下鉄で使われたサリンの反応式や生成方法に移っていく。メチルホスホン酸ジフルオライドから生成する最終工程のみで、第7サティアンのプラントとは別の反応式だった。

土谷の凄いところは、実験器具や装置の設置図まで、記憶だけで詳細に書き示したことだ。取調官は、三ツ口フラスコや滴下ロート、オイルバスやマントルヒーター辺りはまだついて行けるかもしれないが、ジムロート冷却管や分留管、リービッヒ冷却器、さらにアスピレーターやエバポレーターに至っては、何をしゃべっているのか見当もつかないと思われた。ましてや核心部分は、聞いたこともない化学物質名のオンパレードで、それらの有機合成反応式だらけだ。

ほかの容疑者の自供内容についても、同様だ。科学的な内容を理解できる取調官はほとんどいないと思われ、供述が記憶違いやウソでも、気付くことができない。一歩進んで、被疑者が科学的に不可能な内容をわざと自供し、それを採用してしまえば、裁判で不能犯となってしまい立証ができない。自供内容には、科学的な裏付けが不可欠だった。

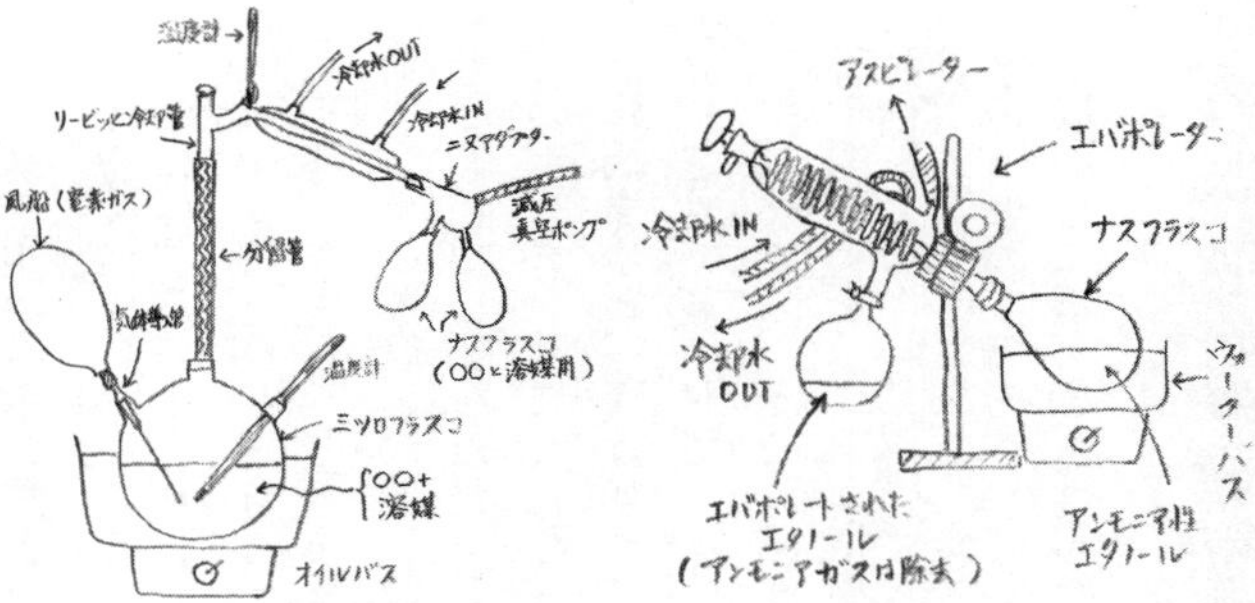

図１－１　土谷正実がフリーハンドで描いた図を模写したもの（著者作成）

オウム真理教の科学技術省次官だったＷという幹部がいた。東京工業大学出身で、サリンプラント第４工程の責任者だった。

第３工程で生成したメチルホスホン酸ジクロライドから、サリンの直接的な原料となるメチルホスホン酸ジフルオライドを生成するのが第４工程だ。Ｗは反応タンクを作ったことを認め、原料の投入方法なども全て図に描いていた。その図では、反応タンク下部にある配管を経由して、生成物がその下のタンクへ落ちるようになっていたが、これが虚偽だった。

プラントでは、生成したジフルオライドを加熱装置で気化させ、タンク上部の冷却装置で液体として回収し、最終第５工程へ運ぶ構造になっていることを、私は現地で確認していた。Ｗの図にある底部のタンクは、副生成物のＮａＣｌ、つまり塩を貯める場所なのだ。自供のままでは、メチルホスホン酸ジフルオライドは生成できないことになってしまう。

私はWに会い、図と反応式を示して尋ねた。

「ここに溜まるのは塩じゃないの？」

「いっ。いや、違いますよ」

そう答えながら、どぎまぎとし始めた様子が感じ取れた。底部のタンクはプラスチック製で、上の配管との間に隙間もある。ジフルオライドはすでに有毒で、空気中の水分にも反応してしまうのだ。

「このポリタンクに入れたら分解してしまうし、危ないでしょう」

と指摘すると、Wは黙ってしまった。

「気化させて蒸留して、タンク上部の冷却装置で回収するんじゃないの？　サンプリングして調べたら、そこからジフルオライドの分解物が出てきたよ」

科学的事実を一つ一つ指摘すると、もう何も喋らなくなってしまった。

翌日。

「すみません。嘘をついていました」

と取調官に事実を自供し始めた。

土谷は、供述内容を私が確認していることを聞かされていた。いつからか、調べ官を介してキャッチボールをしているようになった。それを強く感じたのは、ＶＸの生成反応式が届いたときだ。中間生成物の一部に「カルバミミドイル」という表現が出てくるが、私は当初、違う名称を使っていた。

「そういう言い方はありますが、有機合成をする者は使わない」

と土谷が言っているという。調べてみると、彼が正しかった。土谷は結局、サリン、ＶＸ、イペリットなどの化学兵器、ＲＤＸやＨＭＸなどの爆薬、覚せい剤、ＬＳＤ、メスカリンなどの禁制薬物、その他オウム真理教の製造した化学物質のほとんどすべてを合成し、その方法を確立していた。

土谷は、私とのキャッチボールを楽しんでいるように感じた。今どのように考えているのか。なぜ化学者が闇に魅かれたのか。確認したいことや聞きたいことが、本当はたくさんあった。

刑事たちの戦い

５月15日の夜。東京地方裁判所の一室に通されると、机の上には山のような書類が積まれ、３人の判事と、捜査一課の警部２人が座っていた。殺人罪・殺人未遂罪の令状請求である。

この時点で解明できている科学的内容について説明を求められ、サリンの生成方法などの分析を中心に説明した。翌16日未明、教祖・麻原彰晃をはじめとする41名分の逮捕状が発布された。

その日は、早朝から刑事部対策室に詰めた。5時半ごろ現地から「着手」の無線が入ったが、麻原はなかなか発見できない。無線も途切れがちになり、どうなったんだろうと皆が考え始めた9時45分頃、雑音混じりに「麻原確保」と小さな声が聞こえた。これに反応したのは、上村刑事総務課長と私だけだった。

「今、麻原確保って言ったよな。服藤さん」

「ええ、確かに聞こえました」

周りに確認したが、聞き取れていなかった。再び聞き入っていると、また「麻原確保」と無線が入った。全員の歓声にかき消されながら、上村課長は「麻原確保。L1了解」と答えていた。L1は刑事部対策室。L2が現地指揮所で、L3は前線部隊を指していた。

多くの被疑者が捕まったこの日、オウム事件はやっと一段落だと私は思っていた。

翌5月17日は少し安堵もあって、ゆったりした気持ちで登庁した。すると、すぐに特捜本部のある築地署の講堂へ来て欲しいという。行ってみると、理事官以下100名を超える捜査員が所狭しと座っている。ホワイトボードが用意され、

「服藤先生。こちらにお願いします」

と招かれた。知っていることを、わかりやすく講義してくれというのだ。集まっているのは、ほとんどが取調官だった。対象被疑者がまだ逮捕されていない調べ官もいた。彼らは、オウムの科学に関する知識をほとんど持ち合わせていない。これから始まる取り調べに、苦労するだろうことが想像できた。

急な話で何も用意していなかったが、サリンの生成工程を原材料名から反応式までボードに書き示しながら、嚙み砕くように説明した。その他、地下鉄サリン事件を中心に、関連する科学を3時間近く話した。最後に「何か質問がありますか」と形式的に聞いてみると、数人が手を挙げた。「はい、どうぞ」と1人を指すと、

「私はTの調べ官です」

あのノートを書いたウパヴァーナのことだ。

「彼は何をしていたんですか」

「Tは村井の下で、第7サティアンにあるサリンプラントの設計から建設の中心的人物でした。特に第3工程までは、彼が関わっていると思います」

すると、10人以上が一斉に手を挙げたから驚いた。みんな必死だ。刑事にとっては、これからが本当の戦いなのだ。その真剣さが伝わってきて、多くの者が逮捕されて何となくホッとしている自分を恥じた。

翌日の朝から、捜査一課の席に出勤すると、数人の調べ官が並んで待っているようになる。前日の調べで自供した科学的な内容や、その真偽が理解できないというのだ。東京地検でも同様だった。午後11時頃になると、調べの検事が帰庁してくる。私は部長への報告を少し早めて、真夜中に検察庁へ向かうようになった。

5月21日、再び上九一色村のジーヴァカ棟へ行った。地下鉄で使われたサリンを生成した場所だとわかり、寺尾一課長から、確認して資料採取を指示して欲しいと命じられたためだ。

ジーヴァカ棟は、大小2棟が連結してできていた。北側の小さいプレハブの真ん中に位置する化学実験室にはドラフトがあり、内部が焼燬《しょうき》していた。以前から、なぜ焼けているのか気になっていたので記憶していた。

この場所でサリンを生成し、袋詰めしたという。反応器具や機器類は跡形もなかったが、壁面に付いていた多量の煤や付着物を採取し、鑑定に回した。のちに科警研の室長から、サリンの第1次分解物であるメチルホスホン酸モノイソプロピルが、薬さじですくえるほど多量に検出されたと聞いた。

この頃には、科捜研、科警研での鑑定結果を総合的にまとめた報告書が刑事部長に毎日届けられ、オウム事件に関する科学的情報は、全て私のところへも集まるようになっていた。

5月23日、寺尾一課長からの特命で、また上九一色村へ。土谷の供述では、松本サリン事件に使用したサリンの生成は、最終工程を第7サティアン3階に小型反応タンクを設置して個別に行なったという。この小型反応タンクが隠されているので、見付けてきて欲しいというのである。そして、第3サティアン1階の資材置き場で、青色の小型反応タンクを発見した。

またジーヴァカこと遠藤誠一の供述から、平成7年3月15日の朝、地下鉄霞ケ関駅にアタッシェケースを放置した事案の詳細が判明する。発見時、霧状のものがアタッシェケース内から噴霧されている状況だった。これはボツリヌス菌を撒くための装置だったが、最終的に怖くなった遠藤が、ボツリヌス菌を入れなかったらしい。

私は地下鉄サリン事件の前日にあたる3月19日の日曜に休日出勤し、この装置に毒物が付着していないか鑑定していた。結果的に、振動子付きの噴霧装置内には水が入っていたのみで、毒物検査や顕微鏡の生物検査もマイナスだった。このときボツリヌス菌に感染していたら、私はその後のオウム事件の捜査には関わることができなかったに違いない。

発見した小型反応タンク（著者提供）

麻原は何を目指したのか

6月に入ると、松本サリン事件の捜査に関わることになった。松本で使用されたサリンは、クシティガルバ棟の化学実験室で途中まで生成され、最終工程だけ第3サティアンで発見した青色の小型反応タンクを用いて、第7サティアン3階の空きスペースで行なわれていた。携わったのは、京都府立医大出身の医師で法皇内庁長官の中川智正だ。

中川は、出来たサリンをクシティガルバ棟で保存するのだが、「青色の液体だった」と供述している。これは、サリン生成に使用した青色の小型反応タンクの内面がグラスライニングされていたため。つまり、ガラスでコーティングされていたためである。

この最終反応でイソプロピルアルコールを多めに投入したため、多量のフッ化水素が発生した。フッ化水素にはガラスを溶かす作用があるので、青色の内部塗料が溶け出し、青色のサリンができたのだ。

この事実は、オウム真理教が生成したこの特異なサリンが、松本で使用されたものであることを証明する科学的な根拠になった。科学は嘘をつかない。しっかりと事実を突き詰めたとき、全ての説明に矛盾がなくなる。

私はこの後も、「なぜ裁判官官舎の敷地内の樹木が枯れたのか」「なぜサリンは、開智ハイツの2階、3階まで浮遊して到達したのか。それがなぜ、白い霧状となって目視できたのか」などの意見書をいくつも作成することになる。

6月29日、石川刑事部長、寺尾一課長、鈴木主任検事、髙部道彦検事らと共に、長野県松本市のサリン噴霧現場を視察。図面では検討していたが、実際に歩いてみると立体的な位置関係が把握でき、理解が深まった。

このころには事件に使用された車両が把握され、噴霧装置やサリンのガス化のための加熱装置も発見されていた。噴霧装置からは、サリンの第1次分解物であるメチルホスホン酸モノイソプロピル、副生成物であるメチルホスホン酸ジイソプロピルが検出された。直方体の銅製容器で、上部は開放されており、底部に棒状の電熱ヒーターを複数差し込める構造になっていた。この熱量からサリンの噴霧時間を計算し、実際に水を用いて熱量を測定した。

ひと月後、立川市の警視庁第八方面本部裏手にある広いスペースで、噴霧実験を行なった。大切なのは、現場と同じように緩やかな上昇拡散現象が起こるかどうかという点だったが、再現に成功した。

6月30日、東京地検と東京都知事から、オウム真理教の解散が正式に請求された。その後、争点になっていた第7サティアン内の化学プラントについて、教団側から「DDVP（殺虫剤）の工場である」とする反論書が提出された。9月に入ると東京地検池田茂穂公判部長から、解散請求に伴う裁判官検証の協力依頼が警視庁刑事部に届く。10月2日、東京地裁民事第8部の3人の裁判官によって、第7サティアン内のサリン生成プラントの検証が行なわれた。私は説明者として立ち会い、1階から3階まで何回も行き来しながら、配管を追って詳細な説明を行ない、多くの質問に答えた。

科学者は、科学を用いて物事を証明するとき、導かれる結果を基に忠実に論じなければならず、私見や感情を交えてはならない。ましてや、どちらかに迎合し、初めに結論ありきという立場の取り方もしてはならない。

10月10日には、「第7サティアン内の化学プラントの分析について」という鑑定書がまとまった。

11月に入って、VX事件の訴訟準備をするように下命された。VXの生成工程はサリンより複雑で、物質名や反応式の科学的裏付けに少し手間取った。土谷正実の供述に基づく反応式で本当にＶＸが生成可能なのか、が争点になっていた。文献を精査し、意見書を仕上げていった。土谷は記憶だけでこの反応工程を示しており、凄い能力だと思った。この才能を社会のために役立てていれば、とつくづく残念に思う。

11月21日と22日は大阪へ。ＶＸ事件で使用した注射器などを河原に投棄したとのことで、捜索の助言立ち会いに赴いた。ここで井上嘉浩に会った。井上は投棄場所を示すのだが、河原の様子がその当時と変わっていて、しっくりこないようだった。小柄だが、何事にも自信を持っているような語り口が印象に残った。

後に、林泰男にも対面した。林泰男は平成8年12月3日に、逃亡先の沖縄で逮捕された。寺尾一課長から、

「ハラさん。林の引き当たりでＶＸを見付けてきてくれませんか」

と言われた。引き当たりとは、事件に関係する場所に被疑者を連れて行く捜査活動を指す。その年12月11日、小平市にある玉川上水の土手へ向かった。林泰男は、土手に立つ大きな木の根元付近3カ所を指さした。それぞれ20ｍ以上の間隔があり、記憶が定かでないらしい。様子を見ていると、そのうちの1カ所で、土手道を隔てた反対側の小川をさかんに気にしていたので、質問した。

「何か気になるの？」

「この小川は覚えてます。この橋が気になるんです」

小川に架かった小さな橋が、記憶にあるというのである。その橋に近い木の根元を、捜査員と一緒に掘り始めて間もなく、私の手に土中から出てきた袋が引っかかった。中にはプロテインの缶が入っており、その中から強化ガラス製の薬品瓶が顔を出した。翌日の検査でＶＸが検出され、分解用の炭酸水素ナトリウムも同封されていた。

林泰男は、とてもまじめで丁寧な対応だった。

麻原の指示によってオウムの信者たちが行なった各事件の経緯や事実内容は、ほとんどが解明された。しかし、それらの事件を実行まで導いた根本的な理由は何だったのか、麻原が何を目指していたのかについては、いまも疑問を感じている人が多いだろう。

私は多くの信者のノートやメモに目を通したが、その中に細菌や化学剤の人体実験と思われるデータがあった。何もせずにこれらにさらされたときの身体症状を調べた結果と、抗生物質や消炎剤のような各種の医療用医薬品を飲ませたあとのものとを、症状に改善が見られるかどうか比較検討したと読み取れるデータもあった。血痰が出ているとか胸が苦しいという症状から、化学兵器を使ったのではないかと思われる記述もあった。

つまり、どの医薬品が何に対して解毒剤になるかを調べていたと思われた。麻原が遠藤誠一に、ＤＮＡの研究を命じていたことは知られている。具体的には、化学剤や生物剤にさらされても平気な身体を作れという下命を受けていたらしい。現代の科学では、到底不可能である。その代替として、医薬品に活路を見いだそうとしていたのかもしれない。

麻原は、サリンも生物兵器も効かない身体を求めていたのだと思う。「ハルマゲドン」を自作自演し、化学剤や生物剤でたくさんの人々が倒れている中で、自分ひとりが平然と立ったまま手を振っている。そんな神のごとき肉体を、夢見ていたのではないだろうか。

この夢物語に向かおうとする過程で「なんでもできる」との錯誤が生まれ、様々な事件を起こしていったのだろうか。

科学捜査官への転身

話は、オウム捜査只中の平成7年6月のある日にさかのぼる。いつものように部長報告に行くと、こう言われた。

「服藤君なぁ。今回、君がやってくれたことは、大変重要な役割だ。これからの日本警察の捜査に、なくてはならない分野だと思う。そこでだ、特別捜査官の科学捜査官というのを作ろうと思うんだが、どうだ君、こっちの世界に来んか」

突然の話に驚いた。同時に悩んだ。

私は昭和56年に、警視庁科捜研の研究員となった。同じ警視庁の職員であっても、捜査員ではない。しかも、現在所属している科捜研を改革しようと考えていた。若い研究員も育ち始めており、科捜研を魅力ある組織にすることが、自分の警察人生でなすべきことだと信じていた。

同じ頃、寺尾一課長からこんな話をされた。

「ハラさんね。4月の初め頃、ハラさんが俺に報告した内容が、次の日に違っていたことがあったろう。俺が『どうなってるのか』と尋ねたら、ハラさんは『すみません』と謝って、『昨日までの情報ではそうだったけれど、新たに解明した情報で内容が変わったので、報告しようとしていた』と言って、丁寧に説明してくれましたね。ハラさんの説明はわかりやすいし、俺でも難しい科学がわかったようになる。私の知ってる科学者や研究者は、そういうとき間違いを認めなかったり、曖昧な説明でごまかす者ばかりだった。ハラさんは違う。あなたは正直で誠実だ。あのときですよ。この事件はハラさんの船に乗ろうと思ったのは。ハラさんとしか、この戦いを乗り越えることは出来ないと思いましたね」

嬉しかった。本当に感激だった。

8月23日。警視庁が科学捜査官という職を新設し、初めて募集することが広報された。私は、転身することをすでに決意していた。科捜研では、すでに噂が広まり始めていた。

親しい先輩から、

「身分を変えるという話が、悪い感じで広まってるよ」

と言われた。在籍する第二化学科を中心に伝わっているらしい。無理もなかった。ここまでの経緯を説明する機会もヒマもなかったし、理解されないとも思った。

別の先輩は、こう気遣ってくれた。

「服藤君。考え直したほうがいいんじゃないの。だって君は、その若さで今のポジションだよ。医学博士も持ってるし、これからの科捜研人生、左ウチワじゃない。身分変えたら、また一からだよ。わざわざ茨の道を行かなくてもさぁ」

地下鉄サリン事件が発生して以来、終電が終わって数時間後までの勤務が続いた。とにかく身体を休めたかったので毎日帰宅し、2〜3時間の睡眠でまた出勤した。初めの頃、科捜研の庶務にタクシー代を請求したが、

「なんでそんなに遅くなるの。終電までに帰りなよ。服藤君だけ特別にタクシー代出すわけにはいかないよ」

と言われた。それもまた当然だった。科捜研にそんな予算はないし、研究員にすぎない私が担っていた業務の内容を話しても、信じてもらえなかっただろう。

「そもそも、刑事部対策室におまえが必要なのか」とさえ言われていた状況の中、言い訳せずに科捜研を去る決心はついていた。

私の中で、「自分が担った仕事によって、警察組織に新しい動きが起ころうとしている。この責任は重い」という思いが、転身の決意へと導いたのである。そして「これから先の人生、現場で出会ったあの刑事たちのために、何ができるか」と考えるようになっていた。

地下鉄サリン事件から一年が過ぎた平成8年4月1日、私は警視庁史上初の科学捜査官に任命された。役職は、捜査第一課科学捜査係の係長（警部）。従来の科捜研も、兼務になっていた。

同時に、全国の府県警察にも科学捜査係が新設され、私は警察庁刑事局捜査第一課の専門捜査員にも指定された。

第２章

憧れの科学捜査研究所へ

警視庁本部庁舎（産経新聞社）

製薬会社から科捜研へ

私は千葉県で生まれ、小学校3年生まで過ごした。父が電電公社に勤務していた関係で転勤が多く、小学校は3つ、中学校は2つ通った。突然の転校は、友達や先生、近所や生活圏を含めた全ての環境がリセットされ、新天地でほとんどゼロからのスタートになる。

服藤《はらふじ》という名前は非常に珍しく、初対面で読めた人はほとんどいなかった。愛媛県越智郡玉川町（現・今治市玉川町）に出身地があり、ルーツは奈良県にあると聞かされた。

愛媛大学教育学部附属中学校の2年生になるとき、徳島県麻植《おえ》郡（現・吉野川市）の鴨島東中学校へ転校した。都落ちのような落胆と不安が錯綜する中で、私の長所も短所も理解して導いてくれたのは、岡田年弘先生だった。早くから、

「服藤は理数系が強いから、その分いまから英語で苦労しておけ」

と励ましてくれた。「やらねばならぬときが来た」が口癖だった岡田先生の教えの下、「世の中のためになることをする。人のためになる大切なものを残す」ことを、夢見るようになった。

高校受験の直前にも転勤が決まり、受験校を急遽変更して、徳島県立池田高校理数科に進学した。次の年に、部員が11人しかいない野球部が春の選抜高校野球で準優勝。「さわやかイレブン」と呼ばれて、全国的に有名になった。私も甲子園へ応援に行った。

大学受験を控えた3年を迎えるとき、再び父の転勤で下宿生活になった。受験前の慣れない生活で成績はみるみる落ちていった。私はこのときから実家を出て生活することになる。昭和51年春に上京し、東京理科大学の理学部化学科に入学。段ボール箱3つと布団袋1つが、東京へ送る荷物の全てだった。「分析化学」に興味をもち、4年生になると、人気のあった関根達也研究室の門をくぐった。

研究に明け暮れていると、時折り卒業生が近況報告のために関根教授を訪ねて来た。その中に、警視庁科捜研に勤めて研究員をしている4級上の先輩がいた。興味を持って話を聞いてみると、覚せい剤など禁制薬物の鑑定について話してくれた。裁判に証人として出廷することもあるという。社会に貢献できる仕事だと感じ、憧れを抱くようになった。

何よりも先輩は、隔週に一度のペースで、昼休みに抜け出して来る。「この職場の環境はどうなっているんだろう。いいなぁ」と羨ましく思うようになった。現在はDNA鑑定やIT関連など対象分野が広がったため研究員は95名ほどに増えたが、当時は50名ほど。事務方を入れても60名程度の組織だった。

結果として、私が卒業する昭和55年に科捜研の職員募集はなかった。当時は、定年退職によって欠員が生じたときしか、新規採用を行なわなかったのだ。気持ちを切り替えて製薬会社に就職し、新人研修に没頭していた入社半年後の夏、妻が「東京都のお知らせ」の中から、警視庁が鑑識技術職員を募集しているのを見つけた。

妻は、池田高校の一年後輩だ。フォークソングにハマっていた私の歌を、学園祭の一番前の席で聴いていた。私が東京に出た翌年、進学のために上京してきて、6年がかりの交際を経て、就職と同時に結婚した。

妻が見つけたのは、科捜研の職員募集だった。迷わず申し込んだ。皇居沿いに建つ警察総合庁舎の7階大会議室が、試験会場だった。10月10日、会場には隙間がないくらい人が集まっていた。しかし試験中に何人もが立ち上がり、退室していった。途中で諦めたらしい。一般教養・専門1次・専門2次の筆記試験が続き、ヘトヘトで帰宅したのを覚えている。

私は筆記試験に合格し、日を改めて、専門口頭試問と人物面接を受けた。合格通知が届いたのは、暮れの12月27日だった。合格を知って義父が上京し、私を衆議院議員会館へ連れて行った。郷里で旧知の後藤田正晴議員に会わせるためだった。

「よう来たなぁ」

「山奥から出てきたわい」

挨拶もそこそこに紹介されると、

「彼は優秀なんじゃ」

と後藤田先生が声をかけ、義父はお礼を言っている。

「頑張りぃや。たまに遊びに来たらええわ」

川人正幸秘書から「君は、筆記試験は2番だった。1番だった東大生は面接に来んかったらしいわ」と教えられた。

面会が終わって、義父から言われた。

「後藤田先生はあまり人を褒めん。あれは、ほんまにそう思うとるぞ」

昭和56年4月1日、晴れて公務員になった。募集は「若干名」となっていたが、同期はいなかった。

「よく受かったね」

と、人事第二課の主任から声をかけられた。

「140倍だったよ。過去最高だ」

辞令を受領し「やった！」と心の中で叫んだ。憧れの公務員研究職である。

挫折

「警視庁科学捜査研究所　第一化学科　化学第一係　主事」。新人研修を終え、これが振り出しの肩書きだった。仕事は、事件や事故の解明に関連した鑑定・検査が主体で、変死に関わる毒物等の検査もあった。現場への臨場が多く、鑑識課現場鑑識班、捜査第一課特殊班や火災班の捜査員との交流も深かった。

見るもの、聞くもの、接するもの、体験の全てが新鮮で、事件や社会の裏側を垣間見られる毎日は、驚きの連続だった。特に犯罪の背後には、いろいろな事情が複雑に混在する。今まで見ていた表の社会との乖離に戸惑いながら、それらに直面した。

そうした環境で一生懸命に働いている刑事たちにも、心を打たれた。自分も、与えられた立場で社会のために何ができるのか、自然と考えるようになっていった。一方で職場の飲み会も多く、当時は酒が全く飲めなかったから苦労した。

「社会的反響の大きな重要特異事件」が発生すると、特別捜査本部（特捜本部）が設置される。鑑識課の資料班と捜査第一課現場資料班の捜査員が、毎日のように科捜研に訪れた。彼らは鑑定資料を携えて、何を鑑定して欲しいのか説明しながら嘱託するために来所していた。

私は捜査員と話をするのが好きだった。「捜査で何を知りたいか」を理解していなければ、正しい鑑定は行なえないと思っていた。捜査員との面談は、1時間にも及んだ。

あるとき、いつものように状況を話し終えた捜査員が帰ると、上司に呼ばれた。

「服藤君ちょっと。なんで君は、捜査員と仲良くするんだ」

「鑑定のために、捜査で何が必要か聞きたいんです」

「とにかく捜査員と仲良くするんじゃない」

そして「第三者的担保が取れなくなる」と説かれた。最初は意味がわからなかった。

科捜研は警察の中にある鑑定機関だからこそ、中立性を重んじられる。捜査員と接触し過ぎたり捜査方針に迎合すると、冤罪を生む恐れがあるからだ。現実的には、法廷で被告の弁護士から異議を申し立てられる可能性がある。

もうひとつ教えられたことは、

「服藤君、捜査員は、鑑定がいつ頃出来るかよく聞くんだわ。いいか、1日で出来るものは3日かかると言えよ。3日で出来るものは1週間かかるって言うんだぞ」

その真意もわからなかった。のちに悟ったのは、鑑定は研究員の裁量で行なうものであって、時間で切られる仕事ではないこと。もうひとつの意味は、この組織ののんびりした体質にあった。

科捜研は家庭的な雰囲気で、ゆったりとした空気に包まれていた。研究員はそれぞれ個性があり、優しく温厚な人が多かった。宮仕えとしてゆっくり人生を送るには、最高の職場だといえた。

当時の技術的レベルは決して高くなく、昭和30年代や40年代の技術をそのまま使っている先輩がたくさんいた。新しい知識や技術が確立されている分野もあったが、勉強して取り入れようとする意識や環境は、あまり整っていなかった。純粋な科学的議論になると曖昧な内容に終始し、先輩の機嫌が悪くなる場面に何回も遭遇した。

仕事をしながら、学術的な勉強をする仕組みもなかった。自費で購入した学会誌を読むくらいで、外部の新しい技術や知識は吸収されない状況だった。

そして肝心の仕事は、ほとんど教えてもらえなかった。

「それは財産。なんであんたに教えないといけないの」

「この分野はやめてね。僕の領域だから」

先輩からは、「徒弟制度」「見て覚える」「盗め」とよく言われた。

居心地はいいものの、仕事の面では少し落ち着かなかった。駆け出しだから経験を積むことに力を注いだが、鑑定や検査の手法は基本的な技術が中心で、さほど難しくない。これからの長い人生、新しい犯罪に対峙していけるだろうかとの不安がよぎって仕方なかった。


入庁して3カ月が過ぎたころ、火薬の検査をひとりでやってみろと言われた。渡されたのは、形状から見て発射薬の無煙火薬だ。拳銃などの火器に使用されるが、むき出しのペレット状であるため、それを証明しなければならない。

無煙火薬には、ニトロセルロース、ニトログリセリン、ニトログアニジンが含まれており、この順で1種含有(ニトロセルロースのみ)のものをシングルベース、2種含有(+ニトログリセリン)をダブルベース、3種含有をトリプルベースという。形状や性状を併せて検討しながら結論を出していくのだが、ニトログリセリンの検査方法が問題とされた。

　当時の科捜研の鑑定は、ＩＲ（赤外吸収スペクトル）法のみでニトログリセリンを同定していた。私はこれでは不十分と考え、標品のニトログリセリンを自分で合成して、ガスクロマトグラフィーを加えて用いたのだ。本来なら質量分析もしたいところだったが、当時の科捜研に火薬鑑定用の質量分析装置はなかった。

　そして、ダブルベースの無煙火薬という結果を報告したところ、上司はいきなり怒り出した。

「君はいったい何を考えているんだ。世の中に認められてない、こんな方法を使って。鑑定結果は法廷にも提出されるから、証明された方法を使わなくてはならないんだ。新しいことばかりやろうとするな」

　ガスクロマトグラフィーは、大学1年の一般化学実験実習で使っていた。悔しかったので関連論文を調べ、数cm分もコピーを取った。数日後、これを上司に示しながら説明すると、黙り込んでしまった。しばし沈黙のあと、

「ところでおまえ、昨日の昼休み、帰ってくるの遅かったよな」

　全然関係ないことで叱られる羽目になった。可愛がってくれた大正生まれの大先輩からは、こう言われた。

「定年まで、ぬるま湯に漬かっていればいいんだ。捜査員から先生、先生と呼ばれて、

科捜研は最高だぞ」

さらに別の先輩からも、忠告を受けた。

「長いものには巻かれろ、ということわざがあるだろ。入庁したときは、みんな服藤君みたいに疑問をもつんだよ。新しいことをやろうと思ったりするんだ。でもね、3年もすれば慣れてきて、そんなこと思わなくなるよ」

5年経っても10年経っても、私にそのような慣れは起こらなかった。現場で汗まみれ泥まみれになって頑張っている刑事が大好きで、真実を解明するために自分の立場で何ができるか、常に最善を求めた。新しい技術の採用にも奔走した。誰もやったことのない新しい鑑定でも、現場からの要望があれば、可能な限り論文等を読み込み、理論を構築してチャレンジした。

入庁した年に満足な結果を残せた仕事は、「ミクロカラーコンピュータ」だ。車両の塗膜片から車種を特定する鑑定機器を、4人のプロジェクトで開発した。この装置はその後、全国の警察に配備された。

警察官は入庁すると巡査を拝命し、巡査部長、警部補、警部、警視と、昇任試験によって階級が上がっていく。研究職である科捜研の研究員にも昇任試験があり、入庁時に主事を拝命したあと、主任、副主査、主査、管理官となる。

私の主任昇任試験は、入庁後3年目の昭和58年夏。科捜研の研究員は刑事訴訟法第321条の4項書面である鑑定書を作成することもあり、権威付けの意味からか、主任試験は1回で受かるという通説があった。実際に、先輩のほとんどが1回で合格していた。

「君は凄い倍率で入庁したんだし、一発で受かるよ」

「答案を白紙で出してみ。受かるから」

などと冷やかされながらも、しっかり準備した。ところが見事に落ちてしまう。次の年も、また落ちた。結局、2年下の後輩と同期になってしまった。

しばらくは、何もやる気が起こらなかった。「自分は優秀だ」と思い込んでいただけに、悔しさと共に、どうにかして見返してやるという気持ちがフツフツと湧き上がってきた。

そして、もう一度転職しようと決心した。

「公務員には時間がある。これを利用しよう。内部に認められないのなら、社会に認めてもらって、ステップアップして辞めてやる」

そう思い始め、博士の学位を取ろうと決心した。これが、荒んだ気持ちで出した結論だった。

毒物の専門家

私は変死事件の現場で毒物検査を担当していたが、死因が判然としない現場に何回も直面していた。検視や解剖を行なっても、原因が判明しない事案もあった。その都度、「自分に医学的知識があれば」と強く思った。科捜研には、学問を究めた毒物の専門家はいなかったのである。そこで「毒物の専門家になってやろう」と決めた。

当時の科捜研には50名以上の研究員がいたが、博士を取得している者はひとりだけだった。それも入庁する前の論文で得たもので、仕事の中からテーマを見つけて博士を取った者は皆無だった。他府県の科捜研をみると、大阪府と愛知県にはすでに多くの取得者がいて、岐阜、和歌山、三重などの小規模県にも複数の取得者がいた。この人たちは、仕事をしながら大学の研究室に出入りし、学位を取得していた。

どの大学の医学部研究室にするか悩んでいるとき、企業の診療所で看護師をしていた妻が、東邦大学大橋病院の矢吹壮教授（第三内科・後に病院長）を紹介してくれた。そこから廣田彰男講師（脈管学）に出会い、論文の読み込みや基礎医学の勉強をする場を半年ほど与えてもらった。

矢吹教授から紹介していただいたのが、伊藤隆太博士だ。伊藤先生は東京帝国大学医学部を卒業し、42歳の若さで東邦大学医学部薬理学教室の主任教授となっていた。日本人で初めて国際薬理学会の奨学金を受け、コーネル大学医学部に留学もしている。

面会すると挨拶も終わらないうちに、

「昭和の30年代や40年代には、風呂敷包みひとつ持って勉強したいと訪ねて来るのがいたよ。君みたいなのが、まだ生き残ってたかぁ」

と目を細めながら、嬉しそうに言われたのが印象に残っている。

「君は公務員で給料も少ないだろうから、今日から僕の無給助手だ」

そう言って、研究生の私から学費を取ろうとしなかった。伊藤先生は温和で懐が深かった。他分野にも精通し、話がわかりやすく説得力があった。

現在は、仕事をしながら各種博士課程を受講できる大学院のコースがある。医学部を卒業していなくても、医学部の修士課程や博士課程で学べる制度ができているが、当時そうした正規の仕組みはなかった。

あとで知るのだが、大学の医学部は6年制だから、医学部卒業者を対象とする大学院は基本的に博士課程である。４年制大学の学部卒の私には、医学部の大学院生になる資格も能力もなかった。ところが伊藤先生は教授会で、

「服藤君の学力は、私が保証する。彼は、昼間は科捜研とかいう警視庁の研究所にいるそうだが、社会的地位は私の教室の研究生だ。科捜研のほうが研究がはかどるらしいので、私がそこに派遣しているんだ」

と説明したと言われた。無茶苦茶だが、私の荒んでいた気持ちがどれだけ救われただ

ろう。自分のことを、ここまで考えてくださる方がいる。この先生についていこうと決心した。

研究テーマや実験方法は自分で考え、先生にアドバイスを受けながら進めていった。先生は多くを語らず、「自由にやりなさい」と言ってくれた。寝るのは毎晩2時3時になった。実験には土日祝日を費やし、宿直勤務明けも有給休暇も教室で過ごした。

教室にお邪魔して3カ月が過ぎた頃、伊藤先生から飲みに行こうと誘われた。1軒目は中華料理だった。生まれて初めて北京ダックを食べ、お土産までいただいた。

2軒目はホテルのショットバーだ。ここで伊藤先生は、私を叱った。

「君は『博士を取りたい、取りたい』と、いつも考えていないか」

「はい、その通りです。1日でも早くいただきたいんです」

荒んだ心で、組織を見返すために見出した微かな光だったからだ。

「やっぱりそうか。君を見てると、研究の内容よりも、そのことが気になってしょうがないように見えるよ。それが間違ってる。博士とは、目標や目的にするものではない」

強い口調で言われた。

「いいかい服藤君。世の中にはね、まだ解明されてないけれども、必ず社会のためになる研究テーマがたくさんあるんだよ。いろいろな論文や文献を精査しながらそれに気付いて、『これだ』と自分ひとりで見付けられること。それを解明するための方法、つまり実験計画を自分ひとりで組み立て、研究をコツコツやったら結果が出てくる。それを数学や統計学やいろいろな理論を使って解析し、整理する。

ここからが一番大事だ。その結果に関連する世界中の何百もの論文や文献を読み込んで考察し、世の中のためになることを論じて、結論を導き出す。学位とは、この初めから終わりまでを出来るようになったとき、『君はまだヨチヨチ歩きだけど、ひとりでやってみるか』といって授かる免許証のようなものだ。成人式のようなものなんだよ。

いいかい服藤君。博士は、取ったら終わりではない。そこから始まるんだ。貰ったら、大きな大きな責任を負うんだよ」

「社会のためになることをひとつでも多く行なって、人のためになる成果を残していかなければならない。そして、ひとりでも多くの社会のためになる若い人を、今度は君が自ら指導者となって育て導き、送り出していかなければならない。それには人格も大切だよ」

何も言えなかった。そして、とても恥ずかしかった。人生の大切な「モノサシ」を、このときいただいたと感じている。

転職しようという考えは消え、頑張って博士を取ってから、社会に貢献しようという気持ちに変わっていた。不思議なもので、昇任試験を気にしなくなると、次の年に受か

った。上司から言われたのは、

「過去2年間は、内申がメタメタだった。どんなに頑張っても、あれでは受からん」

私自身におごりがあって、偉いと思い込んでいたのだろうと、深く反省した。3年後、副主査への昇任試験は1回で受かった。仕事も研究も、軌道に乗っていた。


ファイト！


職場環境は相変わらずだった。教室のゼミに参加するため有給休暇の決裁を受けに行くと、上司から「服藤君はよく休みを取るねぇ。君だけだよ、こんなに休みを取るのは」と、承諾済みだったにもかかわらず、嫌みを言われた。

「仕事中に論文を読むな」と怒られたり、大学に通って勉強していることについて「地方公務員法の職務専念義務違反に該当する可能性がある」と言われたりもした。

研究をする土壌がないばかりか、それを否定する人がいる。中島みゆきの『ファイト！』の歌詞が、脳裏をかすめた。

ファイト！　闘う君の唄を
闘わない奴等が笑うだろう
ファイト！　冷たい水の中を

ふるえながらのぼってゆけ
暗い水の流れに打たれながら　魚たちのぼってゆく
光ってるのは傷ついてはがれかけた鱗が揺れるから
いっそ水の流れに身を任せ　流れ落ちてしまえば楽なのにね
やせこけて　そんなにやせこけて魚たちのぼってゆく

平成元年12月、第二化学科へ異動して薬物と毒物の鑑定・検査を担当することになった。上司は、入所時からいろいろな面でお世話になっていた飯田裕康科長だった。

8年間かけて私が博士号を授かったのは、平成4年だ。土日などの空き時間と平日の夜を費やし、コツコツ頑張った成果だった。ここまでくると、周囲の態度は一変した。誰からも、面と向かっていじられなくなった。

何より大きな成果は、科捜研の若い研究員たちが研究に対する関心を深め、目覚めたことだ。大学に籍を置いて研究を始める者も現れ、自分も始めたいという者が相談に来始めた。

「博士を、目標や目的にしてはいけないんだ」

と前置きしながら、私は丁寧に相談に乗った。

当時の科捜研の分掌事務には、研究という項目がなかった。しかし私は、研究も義務

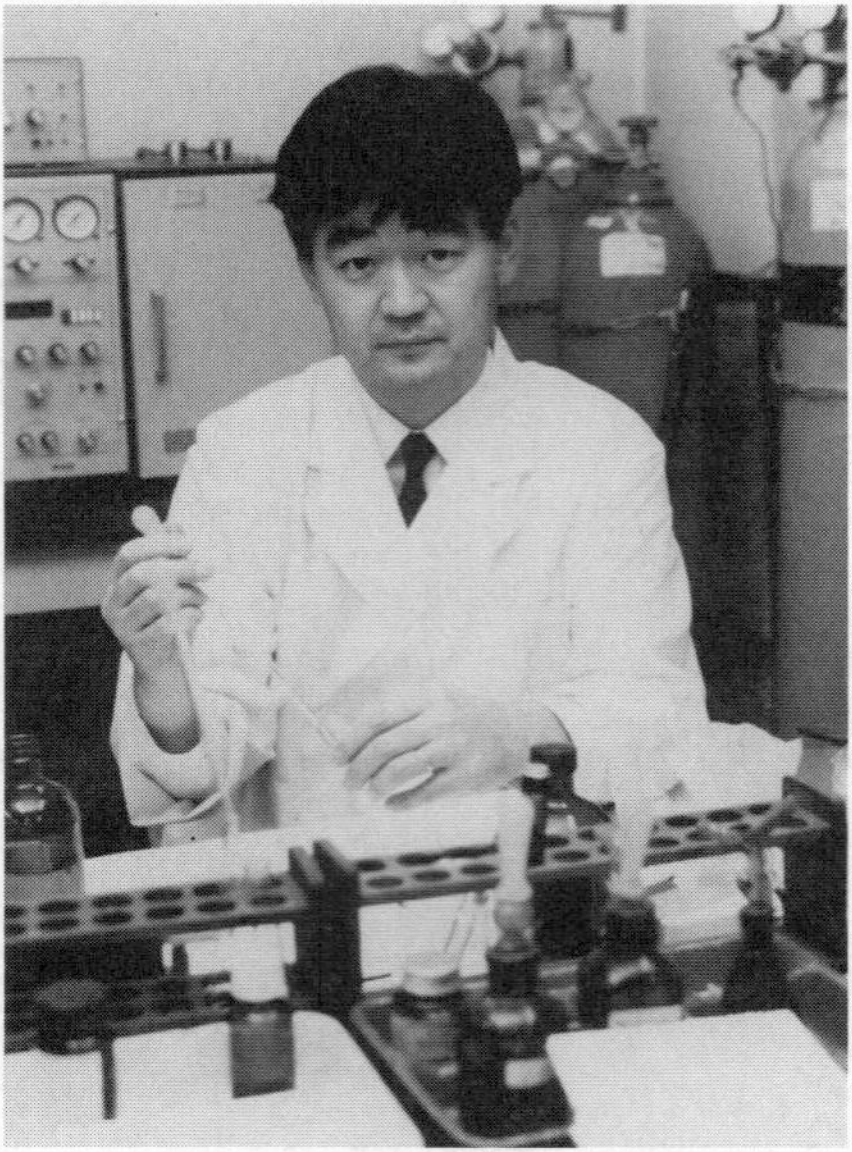

科捜研時代（著者提供）

であり責任だと考えていた。そこで、伊藤忠雄所長にお願いをした。

「どうか後に続く者のために、科捜研の分掌事務に研究項目を入れてください」

伊藤所長は、すぐに実施してくれた。長年戦って勝ち得た「業務としての研究」だった。その後、学会活動にかかる費用や発表のための旅費宿泊費、外部研修等にも予算が付き、継続的な活動ができるようになっていった。

警視庁科捜研には、現在、25名ほど博士の学位取得者がいる。

平成5年秋、初めて受けた係長職試験に合格。36歳で、薬毒物担当の係長（警部相当職）となった。年功序列で、上級幹部の座る席が限られる科捜研では、この試験に1回でパスし、10人近い先輩より先に係長職になることは本来あり得ない。

私が考えていたのは、科捜研の改革だった。捜査現場のどんな要求にも対応できる鑑定・研究機関にしたかったのだ。新しい知識や技術を進んで取り入れ、対応できない分野は自ら開発する職場にしたかった。レベルの高い研究所にするために、具体的な改革案を企画・立案し始めていた。

鑑定書の書き方も変えた。必要な場面では、鑑定結果の後に担当者の考察や意見を書くように努めた。医学的な見地から文献を精査し、鑑定内容と合わせて検討した。

たとえば催涙スプレーを使った窃盗事件では、軽微な窃盗罪しか成立しなかった。しかしスプレーの内容物の毒性を考察し、鑑定書に意見として付記し、その後の証人出廷で失明の危険性について証言した。その結果、窃盗より悪質な強盗として有罪を得た。これを境に、同種の事案は強盗で起訴されるようになっていった。

誰もやったことがない鑑定にも、科学的な立証方法を理論構築し、チャレンジした。その傍ら、東邦大学医学部薬理学教室の客員として、研究活動も続けていた。あとに続く若い人たちのためにも、科捜研を能力と魅力のある組織にすることが自分の警察人生だと確信していた。

そんな日々を送っているときに起こったのが、地下鉄サリン事件だった。

第３章

真の科学捜査とは何か

和歌山カレー事件

林眞須美死刑囚の家（産経新聞社）

新たな人生の出発

15年間勤めた科捜研では、先輩から「鑑定は人の人生を左右する」と教えられた。我々の鑑定結果は裁判の判決に直結する場合があるから、間違いは決して許されない。だからたくさんの思い出があるし、記憶に残る鑑定も多い。

上野署管内で発生した貸衣装屋の放火殺人事件では、店主が容疑者だった。その男が着ていたパジャマのズボンの燃焼状況から、揮発性物質が染み込んでいたことを実証実験で証明した。それまで否認していた店主は、灯油等を撒いて火をつけ、家族を殺害したことを自供した。

身代金目的で誘拐した被害者を、船トランクという気密性の高い箱に押し込めて窒息死させた事件もあった。このトランク内に人が閉じ込められると死に至ることを、数学、医学、流体力学などを併せて検討し、実験により証明した。どの法医学者からも「そんなの証明できない」と突き放された捜査員が、私のところへ相談に来たのがきっかけだった。結果として過失致死ではなく、未必の故意による殺人が認定された。

捜査が行き詰まっているときに胃の内容物から微量の薬物を検出したり、緊急鑑定で薬物の代謝物を検出したこともあった。そんなときの捜査員の笑顔が忘れられない。

平成7年10月以降、一般応募の人たちに交じって、私は科学捜査官の採用試験を受けた。科捜研の職員だからといって、特別扱いはないのだ。特命事項こそ減ったもののオウム真理教関連の仕事は続いていて、帰宅はいつも終電だった。採用試験に合格後は、科捜研の業務整理や引き継ぎもあった。

平成8年4月1日。私は科学捜査官に転任し、捜査第一課科学捜査係の係長（警部）となった。

捜査部門の仕事は幅が広かった。特捜本部事件の科学的解析などを中心に、私はとにかく現場へ行った。

転任してからも、以前のまま私を先生と呼ぶ課員は多かった。

「服藤先生は、警視庁のドクター・ケイ・スカーペッタだ」

などと冷やかされた。当時流行っていたミステリー小説に出てくる女性検屍官のことだ。

もちろん、好意的な人ばかりではない。

「訳もわからないトーシローがやってきた」

「科学捜査なんて必要ない。今までのやり方で充分やっていける」

などの声も聞こえてきた。

科学捜査官の部屋作り、予算取り、資機材の選定と導入、係員の人選など、今までやったことのない仕事も経験した。8月8日、「科学捜査官情報収集・分析室」開所。事件捜査に、専門性の高い科学的観点からアプローチする仕事が待っている。

オウム真理教関連の公判が一段落すると、高部検事からいろいろなことを教わった。事件の見方、捜査の組み立て方、何よりも公判を見据えた考え方、理論構築の在り方など、多岐にわたって理解していった。

私は何かひとつの事件に専従するのではなく、多くの事件で科学に関わる部分の捜査を担当した。この頃、デジタル・フォレンジックの解析も始まった。コンピュータなどの電子機器に残された記録を分析し、証拠として明らかにすることだ。いわば「デジタル鑑識」である。

転任して、人との繋がりもどんどん広がっていった。

國松孝次警察庁長官にもお会いした。平成7年3月30日、自宅マンションを出たところで何者かに狙撃され、一時は生死の境をさまよう重傷を負っていた。事件は未解決のまま、平成22年に時効を迎えてしまう。オウム真理教への捜査が本格化したタイミングだから、当然関与が疑われたが、私が接したオウムの内部資料の中に、この事件の解明に結び付く内容のものは見当たらなかった。

奇跡的に生還されて間もない頃だった。学会の懇親会で、科警研の岡田薫総務部長（後に警察庁刑事局長）から紹介され、

「いろいろ頑張ってくれたんだってね。君がいなければ、オウムの事件はここまで解明できなかったって聞いてるよ」

と言葉をかけられた。退場されるとき、みんなで並んで道を作り、拍手で見送った。杖をつき手を振りながらゆっくり歩いていた國松長官が、私と目が合うと歩み寄ってきて、立ち止まって肩を叩きながら握手してくれたから、びっくりした。

平成9年になると、石川刑事部長は神奈川県警本部長に、寺尾一課長は新宿警察署長に、それぞれ栄転した。理事官、管理官、係長など、オウム関連事件を共に戦った人たちもいなくなっていった。

それと共に、捜査一課で私への風当たりはきつくなった。

「素人と口がきけるか」

「一課には一課のやり方がある」

などと言われ、極めつけは理事官から、

「おまえみたいな頭でっかちは、捜査一課にはいらねえんだよ」

と、みんなの前で告げられた。捜査一課の理事官の力は絶大だ。聞いていた者は、それを理事官の方針と受け止める。

このときばかりは、部下を守る意味も込めて、毅然と対応した。こんなことのために転任したのではない。被害者のため、捜査員のため、日本警察の捜査力向上のために、科学を活用しなければならないのだ。

東電ＯＬ殺人事件

電話が鳴った。平成9年3月19日午後6時前だった。

「ハラさん、有働ですが。ちょっと現場に来てくれる？」

庶務担当の有働俊明管理官だった。有働管理官は寺尾さんと同様、私をハラさんと呼んだ。

「井の頭線の神泉駅前なんだけど、場所はすぐわかるよ」

駅前の古びたアパートの1階へ行くと、奥の部屋にコートを着た女性の遺体が横たわっていた。バッグの中身が少し散乱しており、そこに薬物があったため、私を呼んだのだという。鑑識の検証は、まだ始まっていなかった。

[◆註10]東電ＯＬ殺人事件である。

薬物は通常の医療用医薬品だったので問題はなかったが、流れのまま検証・検視に立ち会った。現場に残された物証は、付着物や微小物以外になかった。

ところが翌日、部屋のトイレから使用済みのコンドームが発見されたと聞かされる。

そんなはずはないと思い、昨日トイレを確認していた鑑識課員に連絡を取った。彼が便器の中に手を突っ込んでいたのを、横で見ていたからである。

「先生。便器の真ん中に、金属の丸い蓋があったでしょう。あれを今日開けたら、出てきたんですよ」

トイレの下水配管内に、ゴミ受けが付いていたのだという。私には、判然としない気持ちが残った。そのコンドームがいつ使われたものか、わからないのではないか。証拠になるのだろうかと思ったからだ。

追い打ちをかけたのは、次の言葉だった。

「蓋を開けたら、コンドームが売るほど出てきましたよ」

5月になって、30歳の外国人男性が容疑者として浮上したと、耳に入ってくる。コンドームの中に残されていた精液と、DNAが一致したらしい。

◆註10

「東電OL殺人事件」東京電力に勤める39歳の女性が、渋谷区円山町のアパートの空き部屋で、絞殺されて見つかった。近くに住むネパール人男性（当時30歳）が逮捕され、無期懲役の判決を受けて服役。その後、第三者のDNAが検出されたため、再審で無罪となって釈放された。真犯人は捕まっていない。

捜査一課には以前から、特捜本部の鑑定資料などの対応をしていた旧資料班というグループがいた。そこの班長はよく知っていたが、この件でもDNA鑑定などの窓口として参画していた。努力家だが少し強引な面があり、科捜研時代にぶつかったこともあった。

彼に率直に質問した。

「DNAが一致したと聞いたけど、コンドームはひとつじゃなかったんじゃないの？」

「やつのDNAがそこにあったんですよ」

それは、現場にたくさん残されていたDNAのひとつにすぎないのではないか。しかもかなり古かったはずだ。

「腐敗が進んで、鑑定に苦労したと聞いたけど」

すると、

「服藤さんは捜査に加わっていないんだから、黙っててよ」

と語気強く言われた。

「あなたがやっていることは、科学ではない」

と反論したものの、他にも証拠があるのだろうと考え、それ以上は聞かなかった。確かに私は外野だった。特捜本部では、捜査員が懸命に捜査を展開している。その中から、確証を摑んでいるのだろうと信じた。

逮捕された被疑者は、一貫して無実を主張したという。一審は無罪だったが、二審で無期懲役の逆転判決。上告は棄却されたが、服役中に行なった再審請求が認められ、平成24年に無罪が確定した。

平成3年に発生した路上殺人について、別件で逮捕された被疑者が「実は、あの事件は私がやりました」と自供し、捜査員が招集された。裏付け捜査で、現場に遺留された凶器の模造刀の入手経路と材質が問題となった。

事件発生時、この模造刀の材質はバネ鋼と結論付けられていた。バネ鋼は、車両のタイヤのサスペンション用板バネなどに使用される。当時は、模造刀の材料としても使われていた。材質の検査は外部嘱託で、製鋼会社の研究所が細かく元素分析を行なったが、何に由来するバネ鋼かまでは判明していなかった。

そこで理事官から、「これを解明しろ」と下命を受けた。バネ鋼は、火花検査を行なうと珍しい形状の火花を発するのが特徴だ。科捜研に入所したころ、模造刀の材質鑑定を担当したことがあるので、自分で火花検査を行なってみた。

本件の凶器の模造刀は、バネ鋼ではなかった。それで模造刀の形状を詳細に観察すると、全体に僅かに丸みを帯びていることに気が付いた。高圧ガスボンベを加工したものではないか、とひらめいた。科捜研当時、よく鑑定に持ち込まれていたからだ。

そこで高圧ガスボンベの製造会社に、片っ端から電話をかけていった。こちらには小数点2ケタまでの詳細な元素分析のデータがあるから、すぐに合致すると思っていたのだが、なかなか見つからない。どうやら、マンガンとクロムの含有量が特異的らしかった。

検査結果が間違っているのかと思い始めた3日目、大阪にある会社の電話口に出た人に元素データを伝えると、「それ、うちのです」と即答された。それまでの会社では「しばらくお待ち下さい」とか「調べて後で折り返します」という対応が多かったので、戸惑った。

たまたま電話口に出た人が、この鋼材の開発者だったのである。

「元素の割合が特徴的でしょう」

とも言われた。面会の約束をして、書類にする準備に取りかかった。大阪までの出張計画も作成し、理事官に報告した。すると、

「おまえはここまででいい。あとは班長に行かせるから」

「ここまで突き止めたんだから、最後までやらせて下さいよ」

「この件は、当時からやっていた班長に引き継いでくれ」

と言われた。悔しかったが、お膳立ては整えたし、特捜本部のためになる仕事はできたという思いで従った。

このころは、なぜか人間関係がまとわりつく時期で、煩わしさも感じた。

野方署管内イラン人殺人事件

平成9年6月の後半、中野区の野方署に設けられた特捜本部の捜査員が訪ねてきた。同年4月、マンション敷地内に旅行用トランクが放置され、異臭を放っているとの訴えで臨場した警察官が開けてみたところ、腐乱死体が発見されたことから捜査が始まる。

被害者はイラン人で、身元も割れて捜査はすんなり進み、被疑者の逮捕に至っていた。当時イラン人はビザなしで入国できたため、大量に来日していた。短期滞在で入国した彼らの一部は、不法に残留して上野、渋谷、原宿などにたむろし、露天商などを営みながら生活していた。不正テレホンカードや禁制薬物の密売に手を染める者も、少なくなかった。本件の被害者は、禁制薬物の密売トラブルから旅行用トランク内に監禁され、閉じ込められたために死亡していた。

私を訪ねてきた捜査員は、

「本件は当然、殺人で捜査をしてきたんですが、検事から『トランク内に健常人が閉じ込められた場合に、必ず死に至るとの証明ができなければ、傷害致死でしか起訴できない』と言われたんです」

と語った。殺人を積極的に意図したわけではない被疑者を殺人罪で起訴するには、

「未必の故意」の証明が必要なのだ。

「何人もの法医学者や大学の先生に当たったんですが、皆さん『そんなの、わかるわけがない』と言うんですよ」

どこでも同じような話を聞く。そこで検事から「過去の事例で服藤先生が同様の鑑定をしているので、相談してみてはどうか」と、アドバイスを受けたという。前述した、科捜研時代の「船トランク」の鑑定だ。捜査員は、そのときの鑑定書のコピーを持参していた。

「わかった。何とかしてみるよ。ところで、勾留満期まで何日あるの？」

「4日です」

「えっ。じゃあ、急いでデータを用意して」

と、被害者の身長・体重、トランクの大きさ、内容積など、思いつくままに伝えた。

被害者の死因は、司法解剖で窒息死と推定されていた。しかし、どの時点で死亡したかは不明だった。解明するのは、「実際に使用されたトランク内に健常な人が閉じ込められた場合、必ず死に至るのか」である。

依頼内容は簡潔だが、実学の世界では多くの変数が顔を出す。トランク内に人が閉じ込められたら、呼吸によって空気の環境が変化する。人間は酸素を消費して二酸化炭素を排出するから、時間が経つにつれてトランク内の空気の組成が変化していくのだ。しかしトランクは完全な密閉ではないため、わずかな隙間から換気が行なわれる。

さらに、トランク内の酸素濃度が低下すれば、人間の身体には様々な生体反応が起こる。この生体反応は、トランク内の空気の組成によってさらに変化する。これらの要素を組み合わせて関数化した上で、医学的な考察を加えなければならなかった。

トランクの内容積から割り出せる酸素量が、解析の重要な基礎データのひとつになる。被害者の年齢・性別・体格等から、呼吸に関わる生理学的データを求めることもできる。そこから、酸素消費量に関する基礎データが得られた。

トランクの換気量は、実験式とその式に沿った実験結果から計算し、1時間あたり約0・06〜0・07㎥となった。これは、このトランク内の空気が、1時間あたり約60〜70リットルの外気と入れ替わることを意味する。

酸欠環境下で人の半数が死に至る酸素濃度は、10分間の暴露で約6％だ。ただし気密性の高い容器に閉じ込められた場合は、酸素の減少に伴って増加する二酸化炭素の影響が出てくる。二酸化炭素が増えるほど酸欠による死亡の可能性が高まるため、死に至る酸素濃度は約8・8％に上がる。二酸化炭素が増えれば、酸素があっても酸欠状態になりやすい相乗効果が生じるわけだ。この効果が現れるのは、酸素濃度が約12％以下のときとされている。

学術的な詳細を省いて結論だけ述べると、この事件で使われたトランクの中に健常人を閉じ込めた場合、酸素欠乏によって死に至ることがわかった。死亡までの推定時間は、最大で約38分30秒〜約40分40秒と考えられ、実際にはこれより短い時間と思われた。もっと短く、二酸化炭素の相乗効果が発現する約25分50秒〜約26分40秒の時点で死に至ったとしても、矛盾しない。トランク内の閉塞感や息苦しさからパニックを起こし、さらに死亡時間が短縮される可能性も否定できない。こうした点を、鑑定意見書にまとめた。実際には、被害者は約6時間もトランク内に閉じ込められていたから、そのために死に至ったことは確実だった。

実際に容器内で起こった気体組成の経時変化を、確実に把握することは困難だ。しかし得られた情報をひとつずつ解明し、組み合わせ、紐解いていくと、必ずある結論に到達する。

本件の場合、トランクに閉じ込められた被害者は裸ではなかったから、実際は身に付けていた着衣の体積分だけ、トランク内の空気量は減っていたはずだ。しかし、それがどの程度の容積だったか明確にすることは、困難を極める。このとき、我々の立場で忘れてはならないのは、「被疑者に不利な理論は用いない」ということである。これはとても重要で、明確にできない条件については常にこの判断を念頭に置き、解析や考察を行なう必要がある。本件の場合、トランク内の容積が大きいほうが供給される酸素量も多くなるから、被疑者にとって有利な条件となる。したがって、被害者の着衣の体積は省略して考えることにした。

トランクに閉じ込められた被害者の呼吸によって、トランク内の空気の組成は変化する。空気の混合にはある程度の時間がかかるから、呼気はトランク内の空気と直ちに混合することはない。しかし空気の組成が不均一だと考えると、濃度を関数化して論じることが困難になる。

実際には被害者の鼻や口の周りが、トランク内で最も酸素濃度の低い場所だったはずだ。しかし、呼気が瞬時に拡散されて周囲の空気と混合されるという条件で関数化するのは、「最大限、被疑者に有利な条件でどうなるか」と考えるからだ。この論理設定が大切なのである。ある条件下で起こる現象を全て再現し、解明することは不可能に近いという前提の下で、科学捜査は進めなければならない。

本件には殺人罪が適用され、懲役13年の刑が確定した。

警視庁清和寮爆破事件

平成9年6月、寺尾新宿署長から電話があった。

「ハラさん、署に来てくれませんか」

と言うので出向くと、署内に設置された「警視庁清和寮爆破事件特捜本部」の部屋へ連れて行かれた。公安一課長も同席していた。

平成2年11月1日、新宿区内にある警視庁独身寮「清和寮」で時限爆弾が爆発し、1人が死亡し7人が重軽傷を負った事件である。午後10時50分頃に1回目の爆発があり、約5分後に時間差で2つめの爆弾が爆発した。「革労協」が犯行声明を出したが、未解決だった。

部屋の床一面に、証拠品が並べられていた。爆弾の破片や時限式装置などの部品だ。しばらく話をした後、

「この資料を、ハラさんの目でもう一度、全部見直してくれませんか」

と言って、寺尾署長と公安一課長は部屋を出て行った。残った捜査本部の担当係長の態度は、先ほどとは一変した。

「この資料、手に取ってもいいですか」

と尋ねると、

「どうぞどうぞ。材質、付着物、全て鑑定が終わってますし、全てわかってますので。お好きなように」

小馬鹿にしたような笑いを浮かべている。

その気持ちはわかった。事件発生から7年近く経っている。爆弾に詳しく、細かく分析する公安警察には、やり残した捜査などないのだろう。まして、わけのわからない者が本庁から急に来て、あら探しをしているのだから仕方ない。

ひと通り目を通して終わりにしようと思っていたところ、ひとつの資料が目に止まった。

「それはエポキシ樹脂。中に入っている小石は科捜研の先生に鑑定してもらって、材質も全てわかっています」

と説明された。エポキシ樹脂とはプラスチックの一種で、液体にも固体にも成形でき、接着剤などに使われている。その中に、小石がいくつも混ざっていた。小石が変成岩であることはすぐにわかったが、色が特徴的で、大きさと形が気になった。

「これ、貸してもらえますか」

「いいですよ。ただ、何もやることはないと思いますよ」

国立科学博物館の斎藤靖二地学研究部長を訪ねた。

「これ、見てもらえますか。変成岩だと思うんですけど、球形の形と大きさが数㎜から1㎝弱ありそうで、大きな川の中流あたりの石かと思うんですが」

斎藤部長にはかつて、死体を埋めるのに使われたと思われるスコップに付いた土砂から、埋めた地域を特定できないかと相談したことがある。千葉方面らしいとの捜査情報を基に、斎藤部長は現地を回りながら土砂の異同識別検査を行なってくれた。死体は被疑者の自供によって発見されたのだが、斎藤部長がその町名までたどり着いていたから、驚かされたものだ。

「服藤さん、鋭いですね。河が絞れるかも知れませんよ」

「えっ。そんなことができるんですか」

河の石や砂は、その流域にある地層に関連するものしか存在しない。したがって種類や形状によって、どこの河の石かわかるのだという。斎藤部長は、北海道の河、東北地方の河、多摩川の3つに絞り、位置的には中流から下流の間と結論付けた。

再び捜査本部の担当係長に会うと、

「何にもなかったでしょう」

と言われた。

「いやー。河が絞れると思ったんですけど、無理でした」

「河？」

「いちおう、3つまで絞れたんですが」

と河の名前を告げると、係長のヘラヘラしていた顔が眼光の鋭い真剣な顔つきに変わり、

「それ、多摩川ですよ」

と言い切った。多摩川の中流にある革労協のアジトは把握していたが、検証の許可を得る材料がなかったらしい。

「残念だなぁ。事件の直後に服藤さんに出会ってたら、ローラー作戦ができたのに」

本当に残念そうだった。真剣な言動に接し、能力のある捜査員であることはすぐにわかった。署長室へ行って寺尾署長に報告すると、

「そうですか。さすがハラさんだ」

とニコニコされた。しかしこの事件は、残念ながら平成17年11月に時効が成立してしまった。

広がりゆく仕事

平成9年7月上旬、外務省の化学兵器禁止条約室から、私に電話が入った。何の用だろうと思っていると、

「4月29日に発効した化学兵器禁止条約に基づき、第7サティアンとクシティガルバ棟が化学兵器禁止機関（OPCW：本部はオランダのハーグ）の査察を受けるので、協力して欲しい」

と言う。外務省で情報を集めた結果、第7サティアンの化学プラントとクシティガル

バ棟を詳細に説明できるのは私しかいないということになったらしい。

7月28日~8月2日に、査察団4名が来日。現地では3日間かけて、詳細な査察を行なった。私はプラントの細部にわたるまで説明し、質問にも答えた。このとき査察団から、プラントの解析内容の資料提出依頼があった。査察をスムーズにするためだ。

外務省の職員は、警察庁経由で警視庁に提出の可否を聞くという。そんなことをしていては時間ばかり経ってしまう。私は、

「その資料は私が作成したものだから、私の判断で渡します。責任は私が取りますから」

と言った。査察は無事終了し、後日OPCWの報告書が外務省へ届いた。警視庁に対する謝辞の中に、

「Especially Dr. Harafuji was essential for the verifications conducted during this inspection.」

と書かれており、大変感銘を受けた。

このころから、国レベルの仕事が増えた。平成9年11月にはアメリカの諜報機関等が、オウム真理教の化学兵器や生物兵器に関する情報取得のため来日した。日本の政府機関に詳細を把握している者がいなかったため、私が呼ばれた。教団が確実に持っていたもの、研究レベルだったもの、文献調査レベルだったもの、に分けて個別に説明した。

平成10年に入ると、また第7サティアン関連の動きが慌ただしくなる。3月末、総理府（現・内閣府）の保倉裕内閣内政審議官から突然電話があった。

「第7サティアンの解体に関する件で教えていただきたいことがあるので、内政審議官室まで来ていただけますか」

地元の上九一色村と山梨県から、サリンの生成プラントがあった第7サティアンを解体して欲しいという要望が、以前から強く出ていた。私も、警視庁や検察庁、法務省の上級幹部の視察に同行するたび、地元の人たちから直接頼まれていた。

国が地方交付金で第7サティアンを解体するらしいという情報は、外務省から入ってきた。ＯＰＣＷが査察した結果、期限付で解体義務が生じたことが大きかったと思われる。

保倉内政審議官との面談の1回目では、解体に関する意見を聞かれた。帰庁して吉村博人刑事部長（後に警察庁長官）に報告したときの、部長の笑顔が忘れられない。第7サティアン警備のために、刑事部から毎日6名の人員が割かれていた。警視庁刑事部としては、捜査力の大きな低下だった。

2回目の面談には、数名の山梨県職員が同席した。ところが、不思議な光景を目の当たりにする。山梨県は第7サティアンの解体を切望していたはずなのに、彼らは喜ぶどころか、沈んだ顔をしているのだ。

審議官が解体の進め方に話を進めると、

「いやー、それは……」

などと態度がハッキリしない。審議官が離席した際に訊いてみた。

「山梨県は、第7サティアンを解体したかったんじゃないんですか」

「いや、したいですよ」

口を揃えて言う。

「どうしたんですか。解体したくなさそうに感じるんですけど」

と言って、サティアン内の現状や解体の進め方の説明をすると、

「もしかして、解体に協力してくれるんですか」

と、おそるおそる尋ねてくる。

「当たり前じゃないですか」

全員の顔が、ぱっと明るくなった。「本当ですか」と「ありがとうございます」が交錯した。涙目になっている人もいた。

私は初めから解体に参画しようと思っていたし、山梨県だけでできるはずがないことはわかっていた。よく聞いてみると、国から県へ落ちてくるこの手の話は、県で企画し、計画書から業者の選定・手配に至る全てを行なわなくてはならない。当然、本件もそうなると思って、不安を感じていたらしい。

審議官が戻ってから、話はまとまっていった。３回目以降は、自衛隊ＯＢの意見聴取や解体業者の選定、現地における事前調査なども行ない、７月には企画案ができあがった。

解体は着々と進み、中間で何度か視察に訪れた。ＯＰＣＷによる査察も、解体前の９月と解体後の12月に行なわれ、私はいずれも立ち会った。

真の科学捜査

科学捜査とは、「自然科学等の科学的根拠に基づく法則や思考を、積極的に捜査に用い、犯罪を解明していく活動」と定義されている。

昭和の時代から、「捜・鑑一体」（捜査と鑑識）や「捜・鑑・科一体」（＋科捜研）が重要な捜査手法だと言われ続けてきた。しかし科捜研の研究員だった私は、何となく人ごとのように受け止めていた。「科学を捜査に使う」といっても、具体的にどうするのか、方法はその場その場の手探りだった。

鑑定機関である科捜研や大学の法医学教室などと捜査本部を行き来し、その内容をまとめたり伝えたりする係が、捜査一課と鑑識課にあった。この捜査員たちは自ずと、学術的内容をある程度理解するようになる。事件の内容によっては、関連する科学を勉強する必要も生じる。あの時代の「科学捜査」は、そんなレベルだった。

状況が大きく変化したのは、オウム真理教事件だ。化学兵器が犯罪に使用され、銃火器や禁制薬物以外にも、数々の違法な科学が駆使された。それらを製造する情報の入手は、新たな時代の科学を象徴するインターネットに依るところも大きかった。当時、「オウムの後は、何でもありの時代がやってくる」と痛感したことを思い出す。

学問として机上で学んだ物理・化学・医学・数学等を、いかに実学の中へ引き込み、実際の捜査現場に適用して解析・解明し、真実を明らかにするか。これが、我々に課せられた使命だった。言い換えると、犯罪の高度化が進み、従来の捜査方法や能力だけでは対処できない場面が、そこここに現れ始めていたのである。

科学的理論を捜査に活用する方法を具体的に示し、結果として見せ、判例を作っていく作業が必要だった。私はこれを「真の科学捜査」と名付けた。

平成10年7月26日は日曜だった。出勤して間もなく電話が鳴った。

「ハラさん。有働ですが」

有働さんはこのとき、警察庁刑事局捜査第一課の特殊事件担当課長補佐として、出向していた。私のことを「ハラさん」と呼んだのは、寺尾さんと有働さんだけである。

「知ってると思うけど、大変なことになってなぁ。ちょっと教えてくれる?」

和歌山市園部で発生した◆註11「カレー毒物混入事件」である。

この前日の7月25日土曜日の午後6時頃、園部地区恒例の夏祭りで振る舞われたカレーライスを食べた参加者が、吐き気、嘔吐、腹痛、下痢などを訴えた。翌日までに4名が死亡、63名が負傷した。

当初は食中毒と思われたが、被害の状況から、県警は事件性も視野に入れて初動捜査を開始。県警科捜研の鑑定により、青酸化合物の混入が指摘されたのだ。

「青酸の鑑定って時間かかるの？　鑑定結果を今朝方発表したんだが、マスコミから『なんでこんなに時間かかったか』って言われてるんだわ」

「青酸化合物の鑑定は、一般的には蒸留法を使うので、試薬も用時調製します。蒸留にも時間がかかるので、5、6時間は仕方ないですよ」

「じゃあ大丈夫だな。わかった」

◆註11

「カレー毒物混入事件」夏祭りで提供されたカレーライスを食べた4人が死亡し、63人が中毒症状を呈した。毒物は亜ヒ酸と判明。10月4日、知人の男性に対する亜ヒ酸を用いた殺人未遂と保険金詐欺の疑いで、元保険外交員の林眞須美と夫が逮捕された。眞須美は12月9日、カレーの鍋に亜ヒ酸を混入した殺人と殺人未遂の容疑で再逮捕。

その後も質問が続いた。翌日の電話で、

「ところであれ、青酸でいいんだろう？」

と有働さんは初めて、私の意見を聞いた。

「実は気になっていたんですが、症状や状況から考えると、少しおかしいと思うんです」

「ええっ。ハラさんがそんなこと言ったら、大変なことになるぞ。どうしてそう思うんだ？」

「科捜研時代も含めて、今まで青酸化合物を使用した自殺や他殺の現場にも何回か行ったことがあります。鑑定もしています。私の記憶では、現場ですぐに人が死んでいない事案には当たったことがないんですよ。効果が遅延する青酸化合物があるかどうかも調べてたんですけど」

「じゃあハラさんは、何だと思うんだ？」

「腹痛、嘔吐や下痢が症状の中心で、翌朝に向けて徐々に症状が悪化していますよね。これ、ヒ素の毒性によく似ているんです」

「ヒ素？　どうしたらいいんだ」

「申し訳ないですが、和歌山県警の科捜研に毒物の専門家はいません。隣の大阪府警の科捜研か、科警研に依頼するしかないと思います」

しばし沈黙の後、「わかった」と言って電話は切れた。そして科警研に、緊急鑑定で資料が持ち込まれた。その後も何回かやり取りをしていたが、4日後の電話で告げられた。

「ハラさんが言った通り、ヒ素が出たぞ」

「出ましたか。それなら、亜ヒ酸を使っていると思います。あの被害状況と、カレーが作られた寸胴鍋の大きさから考えると、握って入れてますね。それぐらいの量だと思います」

実際には、紙コップで入れていた。科警研の鑑定結果も亜ヒ酸だった。その後も捜査の進捗に伴い、鑑定や科学的な判断についてのアドバイスを求められた。

9月になって有働補佐から、

「ハラさん。和歌山に行ってもらうかもしれんぞ」

と何回か言われた数日後、佐藤英彦刑事局長に呼ばれた。局長は、私の博士取得時の警視庁刑事部長で、その後のオウム真理教事件への参画もご存じで、よく声をかけていただいた。私が科学捜査官に転任したときは埼玉県警本部長だったが、わざわざ祝意と激励のお手紙をくださった。

その佐藤局長から部屋に呼ばれ、しばらく歓談した後で言われた。

「申し訳ないんだが、和歌山へ行ってきてくれるか。たぶん宝探しになると思う」

平成8年の警察法改正で、都道府県警の管轄を超えて援助の要求ができるようになっていた。オウム真理教に対する捜査のとき、管轄権が足かせとなって全国的な捜査体制を組めなかった苦い経験があったからだ。縁とは不思議なもので、改正された60条の初適用が本件だと言われた。

この後6回にわたり、和歌山へ行くことになる。考えてみるとこの年は、和歌山へ行って捜査本部に参画し、東京へ帰ってくると第7サティアンの解体に関わっていたことになる。

ヒ素が残っているのはどこだ？

9月末、事前協議に赴いた。和歌山駅から会場である県警警察学校へ向かい、到着するとすぐ、ひな壇に通された。簡単な挨拶だけで会議が始まる。捜査一課、鑑識課、科捜研などの関係者が数十名集まっていた。

しばらく聞いていると、県警科捜研の職員が、白色の結晶が入っている小瓶を掲げながら指示を始めた。

「ヒ素は、このような白い結晶です。現場でこのような白い結晶、白い粉を見付けたら、科捜研に持ち込んで下さい」

話が終わるか終わらないうちに、私は手を挙げて立ち上がった。

「今の話は、聞かなかったことにして下さい」

「これから検証に携わる者は、現場のヒ素が、結晶の状態であるとは思わないで欲しい。ヒ素はすでに投棄され、罪証隠滅も行なわれていると思います。畳を叩いてホコリを集め、縁《へり》を刮《こそ》ぐつもりでいて下さい」

科捜研の職員は、間違った指示をしたわけではない。私が言いたかったのは、捜査員の心の持ち方の問題だった。これを境に、思うところを一気に指示した。みな熱心に聞いてくれ、質問も出た。

このとき考えたのは、罪証隠滅を行なったとすれば、まだ証拠が残っているのはどこかである。亜ヒ酸を投棄するなら下水とトイレが考えられるから、下水の汚泥とトイレの汚物の一部を回収する準備を指示した。併せて、下水については配管内の付着物を取るために、配管洗浄機を用意するよう指示した。

和歌山県警は緻密に捜査を行なっており、容疑がかかる林眞須美の犯人性まで証明する準備を進めていた。あとは物的証拠を確保し、公判対策を含めた科学的立証を行なうことだ。

強制捜査の着手日が決定して一度東京へ戻り、準備をしてから再び和歌山入りしたのはその前日だった。10月4日、第1回目の逮捕と共に検証が始まる。夜明け前から、林眞須美宅近くで待機した。私の立場は捜索・検証指導官だ。捜索・検証指揮官の岩本勲調査官と相談したり、質問を受けたり、意見を伝えたりしながら進めていった。この人がいなかったら、検証は上手くいかなかっただろう。

現場で着目したのは、やはり下水だ。家屋から出た下水配管は敷地内の下水配管に繋がって、会所という下水溜まりで受け止める形だった。会所で待ち受けしながら、配管内の付着物を採取していった。台所などの配管は、外せるところは外して対応し、付着物を根こそぎ採取した。

捜査本部には、和歌山県警科捜研から旧知の研究員が派遣されていた。その研究員から訊かれた。

「採取したブツの鑑定は、どこでやるんですか」

「科警研でするつもりです。緊急で持ち込む予定ですよ」

と答えると、

「服藤さん。和歌山の科捜研にチャンスをくれませんか。最初の検査の汚名返上をしたいんですよ。頼みます」

と、頭を下げられたから困った。事前に有働補佐から意見を求められ、鑑定の段取りはすでに組まれていた。科警研は、毒物鑑定の経験が豊富だからだ。仕方なく、

「わかりました。明日までに結果を出して下さい。資料は、別途採取して下さい」

と伝えた。翌日、捜索・検証が再開され、件の研究員に声をかけた。

「検査結果、出ましたか」

「ええ、出ましたよ」

「ヒ素は出ましたか」

「ええ、出ましたよ」

「どのくらい出ましたか」

「それは言えませんよ」

「えっ。どうして教えてもらえないの？」

「だって、服藤さんは警視庁の人でしょう。検査結果は秘密事項ですから、部外の人には教えられませんよ」

開いた口が塞がらなかった。昨日の頼みは何だったのか。私は、岩本調査官に告げた。

「明日、東京に帰りますよ」

「ええっ。何かあったんですか。いま服藤さんにいなくなられたら困ります」

状況を説明した。ヒ素は自然界にも存在するから発見されるのは当たり前で、量が大切なのだ。今後の科学的立証の理論構築や、検証の進め方にも影響を及ぼす大切なことだった。それを教えてもらえないのでは、いても仕方がない。岩本調査官はすぐ、和歌山東署の捜査本部に架電した。

「県警の科捜研が、服藤さんに検査結果を教えんと言うとるらしい。『明日東京に帰る』言うとるけど、どないなってるんな。困るわ」

すぐに電話で聞き取り、結果を教えてくれた。本心では東京に帰るつもりなどなかったし、岩本調査官には申し訳なかったが、こうでも言わなければ状況は打開されないと思ったのだ。

昼休みに捜査本部へ戻り、説明を受けることになった。科捜研の副所長が説明したが、現場にヒ素が存在したという結果でしかなく、公判を維持する証拠にはなりえなかった。

予定通り、資料は科警研へ持ち込まれた。鑑定結果が出ると、この下水配管等から検出されたヒ素の濃度は、周囲より何百倍も高い値を示していた。

汚物まみれの捜査員

「服藤警部。ちょっと来て、見てくれませんか」

現場で鑑識課員に呼ばれたのは、トイレの汚物貯水槽だった。小型マンホールの蓋を開けてみると、中の汚物は表面が固着している。ヒシャクですくおうとしても、ビクともしなかった。底のほうから資料を採取したいと覗きながら思案していると、別の鑑識課員が、

「いい考えがあります」

と言いながら、直径6㎝ほどの塩ビ管を手にしている。

「これ、刺さるんですよ。ゆっくりゆっくり回しながら押し込んでいくと、底まで届くんです。それで、この上をビニール袋で包んで周りを縛ると、中が真空になるんです」

いや、真空にはならないが……と心の中でつぶやいた。

「そこで、ソーッとソーッと持ち上げると、付いてくるんですよ」

そう言って、頷きながらニコニコしている。

「じゃぁ、やってみようか」

と賛成した。管を引っ張り上げる者は、準備ができると「いくよ。いくよ」と言っている。こちら側には、小さなビニールのエプロンをつけた者が、バケツを持って構えている。「せーの！」のかけ声と共に引き抜いた塩ビ管に、こちら側の者が抱えつく。抜いた途端に管からこぼれる内容物をバケツで受け止めようとするのだが、少ししか入らず、ドバーッという音と共に汚物が身体にかかってしまった。

「次、俺が行きます」と言って、別の課員がバケツを手に進み出るが、やはりうまくいかない。横にいた者が「警部危ないですよ。さがっていて下さい」と言って、私を遠ざけた。課員は次々と、管に抱えついていく。

みんな汚物まみれだ。が、苦にする素振りも見せない。私は涙が出てきた。

この光景は、外部から見えない。後に和歌山方式と呼ばれるが、マスコミの目を避けるため、無数の青いシートで検証現場全体をぐるりと囲ってしまっていたからだ。しかし私は、この和歌山県警の刑事たちの真摯な取り組みを、世の中に伝えたいと思い始めていた。

「カレー毒物混入事件」では、マスコミの報道合戦が過熱していた。林眞須美に嫌疑がかけられているという報道が先行し、本人がインタビューに答えて潔白を訴えるなど、異様な展開を見せていた。

警察に対しては、厳しい論調が続いていた。着手前までは時間がかかりすぎだという批判が多く、着手すれば「ようやく逮捕」という案配だった。

「川ざらえをしようと思うんですけど、どうですか」

岩本調査官から相談された。林眞須美の家の前には川が流れていて、夜になるとゴミを捨てていたという目撃証言があった。亜ヒ酸も投棄したのではないか、という疑いである。

ここで私は、違うことを発想した。

「是非やりましょう」

一緒に、川を下見に行った。

「服藤さん、どのくらいの距離を調べたらええでしょう」

「50メートルくらいでどうですか」

「マスコミに見えんように、どやって青色シートで川を囲うたらええか」

と、岩本調査官は腕を組んで考え込んだ。

「いや。囲まないでやりましょう」

「えっ、そしたら、全部見えてしまうんじゃあ？」

「ええ。見せるためにやるんですよ。ですから、幹部に許可を取って下さい」

たとえ高濃度の亜ヒ酸が入っている容器が見つかったとしても、それが容疑者と結びつくものなのか、投棄の時期はいつなのかなど、立証は困難を極めるかもしれない。だから川ざらえの話が出たとき、むしろ警察が一生懸命にやっている姿を、世間に示す機会にしようと考えたのである。

本部詰めの徳田太志補佐が、8名2個班、計16名の若い警察官を集めてくれた。聞くと、みんな警察学校を卒業したばかりだという。下命すれば、火の中にでも飛び込んでいきそうな若者たちだった。胸まである胴付長靴も用意されていた。

50メートルを10区画に切り、川ざらえが始まった。素手で四つん這いになって作業を行ない、10メートル進むごとに班を入れ替えていく。

午後1時から開始したところ、テレビ各局が生中継を始めた。マイクを持った現場リポーターが、直近で喋っている。

「和歌山県警は、地道な捜査をしています」

「頭の下がる思いです」

などの言葉が聞き取れたので、心の中で「やった。よかった」とつぶやいた。

午後6時頃になると暗くなって、手元が見えなくなった。警察の資機材もバッテリーの消耗が激しく、どこを照らしているのかわからない状態になっていた。

すると突然、テレビ局のカメラクルーが、映像を撮るふりをしながら捜査員たちの手元を照らし始めた。中継は、もう終わっているはずだった。

気が付くと、近くの住民などもたくさん集まっている。岩本調査官が、

「本日の検証中断」

と宣言すると、周りから一斉に、

「よくやった」

「お疲れ様」

の声と拍手が沸き上がった。

この日を境にマスコミの警察バッシングは減り、応援するような論調も見え始めた。

沓脱石周辺から発見したもの

林眞須美宅の玄関の引き戸の内側には、ゴミの詰まったポリ袋が山積みになっていた。

ここを出入りに使っているとは思えなかった。室内を観察すると、座敷から庭へ出ると

きの踏み台になる沓脱石に、林眞須美の履き物が揃えてあった。

「ここが普段の玄関ではないか」と考えた。沓脱石は一段しかなく、林眞須美には少し高い気がする。ここから出入りすれば、段差のある踏み台を昇り降りする形になり、身体に振動が伝わるのではないか。そのとき亜ヒ酸を持っていたとすれば、この周囲に落ちている可能性があると考え、沓脱石周りの土砂の採取を指示した。いま考えると、行動科学の分野なのかもしれない。科警研の鑑定で、ここで採取した土砂から多量の亜ヒ酸が検出された。

実験も実施した。光波距離計を用いて、林眞須美宅の台所、風呂、トイレなどの下水配管を傾きや配管の口径まで完全に再現し、亜ヒ酸を下水に投棄したときの配管内・会所の亜ヒ酸の分布状況を実験した。気象データから、事件当時の雨水量も求めた。

私は和歌山入りするに当たって、和歌山県警の職員として和歌山のために働こうと思っていた。だから捜索や検証には、県警の現場活動服を着て臨んだ。

コミュニケーションを取る時間がなかったせいかもしれないが、私の立場は当初、さほど現場に理解されていなかった。改正された警察法60条の初適用であり、受け入れ側の誰も経験がないことだった。「東京からきた偉い部外者」という印象だったのかもしれない。

それが日ごとに変化していった。初日は事務的な話しかしなかった鑑識課員が、2日目から質問や指示を求め始めた。1週間後に東京へ一時帰京するときは、みんなが握手して整列で見送ってくれた。2度目の和歌山入り以降は、鑑定結果の組み立てや考え方、さらに必要な検査・実験などを指導していった。

検事への説明にも足を運んだ。和歌山地検の大谷晃大三席である。強く印象に残っているやり取りがある。

「SPring‐8の使用についてどう思いますか。正直、迷ってるんです」

と聞かれたので、

「使いましょう」

と私は即断で答えた。SPring‐8は、兵庫県の播磨科学公園都市にある大型放射光施設。放射光というのは、強力な電磁波の一種だ。

「あの装置は、世界に3つしかないトップレベルのものです。原子が数粒あれば特定できます。公判対策も考えたら、取り入れたほうがいいと思いますよ」

後に知るのだが、SPring‐8の活用は米田壯和歌山県警本部長のアドバイスによるもの。捜査に使われるのは、このときが初めてだった。他の検査結果も踏まえて、事件に使われた亜ヒ酸と、林眞須美宅から採取した亜ヒ酸が同一であることが証明された。

和歌山県警は、緻密な検証、捜査、各種鑑定により、被疑者が否認のままでも立証可能な証拠と理論構築を行なっていった。帰京の度に、佐藤刑事局長、警視庁の吉村刑事部長、山田正治捜査一課長にそのことを報告した。

平成10年末に林眞須美は起訴された。年が明けた平成11年1月、佐藤刑事局長出席のもと、和歌山で事件解決打上式が行なわれた。みんな笑顔だった。２次会にも呼ばれ、一緒に戦った者たちと酒を酌み交わした。

東京でも、関口祐弘警察庁長官主催の内輪の打ち上げ会に呼ばれた。この席で私は関口長官に、現場の捜査員がコツコツと頑張ったこと、上層部の許可を得て、「川ざらえ」をマスコミ対応として計画的に行なったことなどを話した。

長官はずっとにこやかだったが、対マスコミの話になると真剣なまなざしで、

「君は面白い発想をするね」

と肯定的なコメントをされた。

「カレー毒物混入事件」では、その後の私の人生に大きく影響する人との出会いがあった。和歌山県警の米田本部長である。現場検証の初期に視察に来られ、状況の説明をしたとき初めてお会いした。懐の深かった和歌山県警東署の吉田喜三郎署長、点滴を打ちながら指揮をしていた野村剛士捜査一課長をはじめ、たくさんの顔がいまも思い浮かぶ。

「本件死亡者の死に至る経過」という報告書や解剖所見に接したとき、涙が止まらなか

ったことも思い出す。被害者が、朝方に向けて苦しみながら死を迎えていく状況が、手に取るように感じられた。

林眞須美は、平成21年4月21日に死刑が確定した。

第４章

続発する薬物犯罪

ルーシー・ブラックマン事件

ルーシーさんの遺体が発見された洞窟

（産経新聞社）

再び難事件へ

電話が鳴った。

「ハラさん。元気ですか」

九州管区警察局公安部長に栄転していた寺尾さんからだった。

「長崎に来てくれませんか。ちょっと厄介な事件がありましてね」

「どんな事件なんですか」

「釣りをしていた高校生が溺死したんです。保険金がかかっていて、殺人事件として捜査してるんですよ」

「証拠は何があるんですか」

「胃の内容物から眠剤（睡眠導入剤）が出ていますが、それしかないんだ。とにかく来てくれませんか」

長崎県警捜査第一課と警察庁捜査第一課からも、立て続けに依頼が来た。このあと5回にわたって、長崎県警へ応援派遣されることになる。

平成11年2月8日、長崎空港に着くと、県警捜査第一課の大石和行特捜班長が出迎えてくれていた。私の到着を待って、県警本部で会議を開く予定だという。

大村湾に浮かぶ長崎空港から長い橋の上を車で走っているとき、現場を見たいという考えが頭に浮かんだ。

「現場は、ここから遠いんですか」

訊いてみると、諫早湾なので、本部のある長崎市とは反対側だという。往復するだけで1時間以上かかるし、刑事部長以下が私の到着を待っていると言われた。

しばらく車は走行を続けたが、私は再び、

「申し訳ないですが、会議の前にどうしても現場を見ておきたいんです。お願いできませんか」

と声をかけた。大石班長は車を止めさせて、携帯電話を手に取った。

「東京からこらしとる、えらーか先生が、現場ば先に見たかっち言おろすとさ」

聞き慣れない長崎弁でも、ニュアンスはわかる。しかしとにかく、行き先は諫早湾へ変えてくれた。

堤防が突き出て、コの字型に囲まれた船着き場に着いた。階段があり、波打ち際まで続いているところが現場だった。被害者が座って釣りをしていたという場所に腰掛けてみたが、階段の幅は思ったより広くてゆとりがあり、横にも後ろにも寄りかかれた。

この状態から不注意で海に落ち込むことは、考えにくいと感じた。

県警本部に着いた。刑事部長室での会議で、科捜研に機器分析の実データを依頼し、捜査一課に移って大石班長から状況の説明を受けた。

本件は、これより3カ月半ほどさかのぼる平成10年10月27日午前1時半頃、被害者の母親である山口礼子からの110番通報により、事案を認知した。

前夜の26日午後8時30分頃、イカ釣りをするため現場に着いたらしい。通報は、「帰る準備をしていると、次男の姿が見当たらない。付近を探したが発見できない」という内容だった。次男の姿が見えなくなってから1時間半後の110番で、携帯電話を持っているのに、コンビニの電話を借りての入電だった。「動転していて、携帯を持っていることを忘れていた」というのが、のちの山口の釈明だ。捜査員はこの時点で、不自然さを感じたという。

捜索を行なったところ、午前3時40分頃に海底から遺体を発見。鑑定の結果、複数の薬物が体内から検出された。

私はそれを聞いて、該当する薬物の「インタビューフォーム」を、製薬会社から入手するように頼んだ。医薬品の形状や性状、薬効や薬理、身体の中でどう変化するかを示す体内薬物動態、実験データや関連文献など、全てが記載されている文書のことだ。薬物が使用された事件では、すぐにインタビューフォームを取り寄せることにしていた。

解剖時の所見などから、死に至るような外傷はなく、死因は溺死とわかった。手・指、膝や足裏・足指などに、特異な傷も見当たらなかった。ここで、先に現場を見ておいたことが活きた。現場の船着き場の階段付近は、蠣殻やフジツボだらけだった。誤って海に落ちたのなら、もがいて何かに摑まろうとするに違いない。そのとき、手足に傷がつくはずだった。

また、肺の約95％に海水が入っていた。意識がある人間なら、ここまで大量の海水を吸い込むことができない。意識不明の状態で、死亡するまで海中にじっとしていたことが推定された。

大石班長も同じ意見だった。この2点から考えても殺人事件の可能性が強く推認されたが、とにかく物証が少ない。薬物の摂取についても、誤飲を含めて自分で飲む状況を否定できない。最大の問題は、この薬物をいつ摂取したかにあった。

九州や中国地方の法医学者に聞き取りをしていたが、異口同音に「5～6時間以内としか言えない」という見解だった。胃の内容物の状態から考えると、確かにそう思われた。これでは薬物摂取が釣りの現場と断定できず、事実関係を立証するのは困難だ。検察官からも、この点が最重要の検討課題と言われていた。

鑑定結果から注目したのは、睡眠導入剤のフルニトラゼパムだ。胃の内容物から数100ng／ml、尿中からはその代謝物が数ng／ml、検出されていた。ところが、血液中からは検出されていない。

胃の内容物から検出されたのは、事件発生より前にフルニトラゼパムを摂取したからにほかならない。問題は、血液中から検出されていない点にあった。フルニトラゼパムのインタビューフォームの中で、体内薬物動態のデータに着目して読み込んでみると、通常の用量では摂取2時間後に血中濃度がピークを迎える。その濃度は当時の分析機器で検出可能だったし、犯罪では通常の用量より多く使われる傾向が強い。するど、摂取してから血液中の分析検出限界まで移行しない早い時点で、被害者は死に至ったと推測される。すなわち、2時間以内ということになる。科学的根拠に基づいて、被害者がフルニトラゼパムを摂取したのは死亡の2時間前以内だと確信した。

鑑定結果や科学的データを手に東京へ戻って、組み立てを考えなければならなかった。摂取の推定時間についても、専門家に意見書の作成を依頼しなければならない。誰が適任か考え、学会などで面識のあった薬毒物の専門家・昭和大学薬学部の吉田武美教授（現・名誉教授）に依頼することに決めた。

科学は嘘をつかない

6月8日、文献も揃えて再び長崎へ向かった。今回は捜査一課だけでなく、捜査本部のある諫早署へも赴いた。大石班長に再会し、2月以降の捜査について聞いた。

早速開かれた会議で、これまでまとめた体内薬物動態から科学的時系列を説明する。全体がこれで行けるという雰囲気になった中で、捜査一課の巡査部長が、

「質問があります」

と手を挙げて立ち上がった。

「服藤警部の説明はよくわかりました。そうすると、尿中にあるフルニトラゼパムの代謝物は、どのように理解すればいいんですか」

「いい質問ですねぇ」

私はとっさに、そう答えていた。本当に大事なポイントだったからだ。

フルニトラゼパムが尿中に移行し始めるまで摂取から数時間かかり、尿中への排泄は1週間くらいあとまで続く。胃→血液→尿の順に移行するから、摂取から2時間以内に死亡したとすると、血液から検出されないのに、尿中から検出された代謝物の濃度に矛盾を生じるのである。

「尿中の代謝物は、本件のときではないと思いますよ。おそらく2、3日前に大量摂取したときの、代謝物の残りだと思います」

と説明した。つまり被害者は、2、3日の間に2回、フルニトラゼパムの大量投与を受けたという想定になる。

今回の滞在中には、夜の検討会も催された。2次会になってしばらく談笑していると、大石班長が隣に座った。

「おいは服藤さんに、どがんしても謝らんばいかんことのあっとばってんさ」

と話し始める。

「九州管区の寺尾さんから服藤さんが来るゆわれ、おいは、どうせ東京から現場を知らん偉か先生が来ると思ちょった。本部員にも『訳のわからん者やろうから、おいが相手しとく。おまえら来んでよか。時間がもったいない』とゆうた」

確かに2月の初日は、本部の捜査一課の部屋で大石班長がひとりで対応していた。本部員は忙しくしているので、諫早署で仕事に集中させているとの説明だった。ところが、2日目から捜査員が2人、私のそばに来ていた。大石班長は、重要な調べを担当するこの2人に、

「いま来とる人は違う。絶対離れたらいかんぞ。話す言葉も、ひと言も聞き漏らしたらいかん」

と告げて呼び寄せたのだと説明した。

「あんたは、たいが何ちゅーたっちゃ、ほんもんの刑事ばい」

手を握りながら、そう言われた。

長崎県警が容疑者逮捕の準備を整え、警察庁への説明のために上京した際、私は長崎県警側の人間として同席した。

平成11年8月末、母親の山口礼子と情夫の外尾計夫を逮捕。山口礼子は逮捕と同時に、

ホッとした様子で自供を始めたらしい。

フルニトラゼパムなどの薬物は、すり潰してカプセルに入れて飲ませていた。飲ませたのは平成10年10月26日22時30分頃で、海中で死亡させたのは27日0時30分頃だった。私の見立て通り、薬物を投与してから約2時間後だ。

山口らは当初、2日前の10月24日の夜に次男の殺害を計画。フルニトラゼパムを摂取させていたことも判明した。このときは、現場での犯行は山口ひとりで行なうことになっていた。次男を海に放り込もうとするのだが、女性ひとりの力では重すぎ、実行できなかったらしい。

2日後、次男を眠らせてから頃合いを見て情夫の外尾を呼び出し、改めて犯行に及んだのだった。逮捕前に構築していた薬物関連の理論は、ことごとく当てはまっていた。科学は嘘をつかない。

捜査の過程で、平成4年に山口礼子の夫・克彦が、釣りに行って岸壁から約7・5メートル下の岩場に転落し、やはり溺死していたことがわかった。転落原因が不明のまま、保険金約1億円が山口礼子に支払われていた。実は次男と同様、フルニトラゼパムをカレーに混ぜて服用させ、眠り込んだ夫を外尾と共に岸壁へ運び、突き落として溺死させていたのだ。

次男の事件を捜査する過程で、当時の佐賀県警科捜研の鑑定では山口克彦の体内から薬毒物が検出されなかったことを、長崎地検が問題視した。私の役割は、この点を科学的に解明することにあった。関係書類を読み込み、長崎地検の壬生隆明検事に会って、自分の考えと方針を示して議論した。そして、すぐに佐賀県警へ向かった。

鑑定内容を聞き取って科学的理論を構築し、結論に至った。平成4年当時、佐賀県警が使用していたガスクロマトグラフ質量分析装置の検出限界はμg／mlであり、ng／mlでしか検出できない本件の濃度では、不検出でも矛盾はなかったのだ。担当者は気付いていなかったが、長崎地検がすでに聴取した報告書では、佐賀県警科捜研の鑑定能力不足という結論になってしまうところだった。

長崎地検の壬生検事は理解を示し、部下を佐賀県警に派遣して再聴取を行なってくれた。このやり取りにずっと同行していた佐賀県警の刑事から、

「服藤さんみたいな人、見たことない。検事と対等に議論して再検討させるなんて、県警にはいないですよ。佐賀県警としてはどうお礼を言ったらいいか……」

と頭を下げられた。

山口礼子は3人の子宝に恵まれ、幸せな家庭を築いていた。ところが、夫の浮気から家庭は崩れ始める。そこへ入り込んだのが、外尾計夫だった。山口礼子周辺の金銭絡み

の人間関係を清算する役割を担いながら信頼を得ていった外尾だが、実はギャンブルにのめり込んでいた。最終的には、１億５千万円以上の金を山口礼子から得ている。

これらは、山口克彦の保険金約１億円と、礼子が不動産を売った金で賄われていた。それでも、外尾の借金まみれは変わらない。最終的に、次男には３５００万円の保険金が掛けられ、殺されてしまう。犠牲になるのは、いつも弱い者である。

山口礼子には平成16年5月21日に無期懲役が、外尾計夫には平成20年1月31日に死刑が、それぞれ確定した。

これが、「長崎・佐賀連続保険金殺人事件」である。

アジ化ナトリウム簡易試験法を開発

平成10年の「和歌山カレー毒物混入事件」以降、平成12年にかけて全国で薬毒物混入事件が多数発生した。模倣したいたずらを含めると、数限りなかった。

長崎・佐賀の事件が落ち着いた平成11年12月、机の電話が鳴った。

「ハラさん、有働ですが。ちょっと来てくれる？」

警察庁へ向かい、捜査一課の有働補佐の席に顔を出した。当時の警察庁は、警視庁の並びの旧庁舎だ。入り口や階段が広く、大理石で出来ていた重厚なたたずまいが懐かしく思い出される。

有働補佐の席は捜査一課の一番奥にあり、気の毒なくらい狭かった。私の様な来訪者があると、脇に折りたたんでいたパイプ椅子を出してくれるのだが、足を入れる場所もない。いつもハの字に足を開いて、またぐように座っていた。

「また厄介な事件があってなぁ。一緒に京都に行ってくれんか」

12月8日、京都府警に向かった。平成10年10月28日、国立療養所宇多野病院の医局において、電気ポットの湯の中にアジ化ナトリウムが混入され、医師8名が中毒症状を呈した事案である。

アジ化ナトリウムは普通、防腐剤や園芸用殺菌剤などとして使われる。同じ年の8月10日、新潟市の木材加工会社で、本件と同様に電気ポットの湯の中に混入されて社員9名が中毒になった事件があって、一躍有名になった。

アジ化ナトリウムを経口摂取すると、胃粘膜から早期に吸収されて効果が現れる。吐き気、嘔吐、頭痛（後頭部痛）、息切れ、動悸、頻脈など、多数の症状が出るが、何よりも怖いのは、いきなり血管が拡張することである。その結果、ひどいときは上の血圧（収縮期血圧）が50〜60mmHgまで降下することもあるといわれ、脳に血液が届かなくなるために意識を失い、倒れてしまう。実に危険だ。被害者が「急に目の前が暗くなって、その後のことはよく覚えていない」というのは、この現象による。脳に後遺症が残るとの報告もある。平成11年から、毒物及び劇物取締法によって毒物に指定されていた。

新潟の事件当時、私は警察庁からの要請でコメントを求められた。新潟県警からも検査方法に関する問い合わせがあり、コメントやアドバイスを行なった。その後、三重県や愛知県でも同様の事件が発生し、やはり相談を受けていた。

京都の事案は模倣犯罪で、幸い摂取量が比較的少量だったために重症者はいなかった。発生から1年以上が経過した平成11年11月28日に任意の取調べを始めていたが、参考人は事情聴取を拒否。捜査は困難な状況に陥っていた。

電気ポットから189ppmのアジ化ナトリウムが検出され、飲み残しのあった湯飲み類からも検出されていた。事件当日に臨場した捜査員の指示が的確で、血液とともに被害者の尿を早期に採取していた。採尿が遅れれば代謝されてしまい、科学的立証が困難になってしまうと考えたのだろう。

血液中のアジ化ナトリウムは、全ての被害者で不検出だった。尿中からは、ひとりだけ検出されていた。それが参考人で、濃度は217ppm。ありえない高さの数値だ。ここに、突破する科学的根拠を見いだせると思った。

電気ポットのお湯から検出されたよりも高い濃度なのは疑問で、単純に計算しても、致死量を遥かに超える量を摂取しなければ、このような数値にならない。そもそも、人体が代謝することのできない高い数値だった。

京都府警捜査一課の福見竜也係長と対面し、毒物に関する専門家と臨床医からの聴取を指示した。すると、すでに順天堂大学の医師に当たっていると言う。そこで福見係長と、順天堂大学医学部へ赴いた。

最終的な意見書には、「217ppmは異常値であり、排泄物とは考えられない。通常代謝として概算すると、摂取量は16・69gとなり、最小服用死亡例の0・7〜0・8gを遥かに上回る」と記されている。

平成12年3月7日、容疑者逮捕。自らも被害者を装っていた容疑者は、自分だけアジ化ナトリウムが検出されないのは不自然だと考え、直接アジ化ナトリウム溶液を投与した尿を提出したと思われた。背景には、院内での人間関係が絡んでいたという。

一連のアジ化ナトリウム使用事件を受け、現場の捜査部門から簡易試験法の開発が要望されるようになった。全国の科捜研で開発が試みられていたが、なかなか上手くいかないという話を耳にしていた。

平成10年10月末、部下のひとりが、ある反応式に目をとめた。アジ化ナトリウムは、触媒下でヨウ素・ヨウ化カリウム溶液と混合すると、窒素ガスを発生するという内容だ。窒素は無害だし、この発泡現象を判定方法に応用した試薬ができないかと考えた。

だが、すぐ問題点に気付いた。

「これ、炭酸飲料に混入された場合は使えないんじゃないの？」

すぐに実験してみた。コーラをはじめとする炭酸飲料に試薬を加えると、アジ化ナトリウムが入っていてもいなくても発泡してしまう。ジッと考えているうち、高校の化学を思い出した。

「アルカリ処理してみよう」

炭酸飲料にアルカリ処理を施し、液性を弱酸性から強アルカリ性に変えた上で、試薬を入れてみる。

「発泡しない。成功だ」

コーラをアルカリ処理すれば、アジ化ナトリウムが存在するときのみ、試薬による発泡現象が確認された。これなら使える。別の部下から、「手品のようですね」と言われた。

これには後日談がある。この内容を書類にまとめて吉村刑事部長まで報告した数日後、警察庁の有働補佐のところで「カレー毒物混入事件」について話していた。たまたま隣の係に、現場用各種予試験キット等を警察に納入している関東化学株式会社の人たちが来ていて、

「各県警を回っていると『アジ化ナトリウムの現場用予試験キットを開発して欲しい』

という声をよく聞くんです。科捜研などでも検討しているらしいんですが、なかなか上手くいかずに困ってるんですよ」

と話しているのが聞こえてきた。

「心当たりがありますよ」

と声を掛けたが、反応はいまひとつだった。ところが後日、技術者を伴って警視庁の科学捜査官室を訪ねてきてくれた。

開発した試薬を基に商品化の検討が始まったが、特許の申請に向けて警視庁のどこが主管になるのか、が問題だった。とりあえず刑事総務課に相談すると、科捜研と鑑識課の名が上がった。そこでそれぞれに説明したが、関心は薄かった。施設課、装備課、会計課でもたらい回しに遭い、最終的に施設課の管財担当に落ち着いた。しかし、

「なんでこんな発明をしたんだ。特許申請をする必要があるの？」

と言わんばかりの、迷惑そうな対応だった。「しばらく検討する」と言われたまま、音信は途絶えた。平成11年に入って問い合わせると、「これは東京都が担当するべきだ」と言うので、一緒に都庁へ赴き、財務局財産運用部の職員と面会した。

こちらの施設課管財の担当者が一連の経緯を説明すると、いきなり叱られた。

「あれほど言ったのに、警視庁はまだ特許の対応を策定してないんですか。もう5年以上経ちますよ。東京都はすでに規定を改正して、運用しています。

世の中で、職務発明に関する個人の権利が叫ばれているんです。早くするようにお願いしたじゃないですか。個人にロイヤリティやパリティの各種保証金が発生するんですよ。早々にやって下さい」

とてもキツく言われたが、横で聞いていた私はなんだか少し胸がスーッとした。管財の担当者は困った顔をして「検討する」と言い残し、再び連絡が途絶えてしまった。このままでは、せっかく確立した検査手法が活用できない。全国の現場では、みんな困っているんだと思い、自ら動くことにした。

発明者の権利を施設課で検討するとなれば、相当な時間がかかってしまう。私は個人の利益など考えていなかったから、発明の特許申請権・登録受理権を放棄し、特許権者を警視総監にした。とにかく早く実用化して、第一線の初動捜査に活用してもらいたい一心だった。

最終的な総監決裁にたどり着いたのは、検査法を確立して約1年が経過した平成11年11月。その後、この検査法は全国警察で広く用いられることから、特許権者は警察庁長官に替わり、警察庁での検討へ移行した。

特許を出願した平成12年8月から現場での利用が始まり、2年後に特許として認められた。東京都は、「職員の職務発明等に関する規定」という昭和41年に制定された訓令を平成8年3月に全面改正し、職員が特許を受ける権利等を明確化していた。

トリカブト、気管支拡張剤

平成11年には埼玉県本庄市で、保険金目的の連続殺人事件が発覚。カラオケスナックを経営していた八木茂は、自分の愛人だったホステスと偽装結婚させた客に、高額の保険金をかけてから殺害していた。

翌年4月の逮捕後、愛人らの供述から事件の概要が判明する。このときも、警察庁から意見を求められた。

平成7年に実行された最初の殺人では毒草のトリカブトが使用され、被害者は利根川で水死。約3億円の保険金が支払われていた。平成11年の事案では、市販の感冒薬を酒と一緒に飲ませて被害者を急死させ、約1億7000万円の保険金が支払われた。

トリカブトの毒性に関しては、専門家の意見書なども踏まえて準備が出来ていた。しかし2件目の科学的立証は、注意を要した。感冒薬に含まれるアセトアミノフェンに注目した立証だったが、通常の薬物使用事案では主作用を捉えたケースがほとんどで、本件のように副作用を中心とする立件は珍しかったからだ。

副作用は万人に発現するものではないため、専門家の意見を丁寧に聴取する必要があること、また、本件は薬物の多量摂取と高濃度アルコールとの併用など、特殊な摂取方法であることから、それらによって想定される作用にも注意を払うことをコメントした。

平成20年、2件の殺人と1件の殺人未遂による八木茂の死刑が、最高裁で確定。共謀した元ホステス3人にも、12年から無期の懲役刑が科された。

次に関わったのは、奈良県警の事案だ。

平成12年3月8日、天理よろづ相談所病院において、43歳の准看護師の女性が薬物を用い、入院中だった高校1年生の長女を殺害しようとした殺人未遂事件である。

捜査員は、私の元へカルテや入院中の各種臨床データを持ち込んできて、精査を依頼した。使用された薬物は、気管支拡張剤として使われる硫酸サルブタモール。副作用として、頻脈、手足の震えなどが考えられ、大量に投与されると、不整脈、呼吸困難、血清カリウム濃度の低下、肺水腫、心停止などが起こる可能性がある。

各種臨床データの変化から読み解くと、長女が入院してから、母親が飲み物や点滴に硫酸サルブタモールを混入した様子がうかがえた。その度に長女は体調不良を訴え、症状は悪化。肺水腫で死亡しかけた長女には、約3000万円の保険金が掛けられていた。

捜査は緻密に行なわれ、関係臨床医などから幅広く意見の聴取も行なわれていた。それらを読み込み、私見のコメントと共に数人の医師を推薦した。

本件では、平成9年に次女と長男が相次いで肺水腫で死亡していた。容疑者の母親も、肺水腫等で入退院を続けたのち、平成12年9月に死亡。父親もまた、肺水腫で入院歴があった。何ともやるせない複雑な心境に陥った。

地方の事件は、警視庁の捜査員である私にとって、プラスアルファの業務である。警視庁管内でも、特別捜査本部（特捜本部）事件は、平成10年に20件、11年に37件（本部再開1）、12年に28件（本部再開1）、発生している。驚異的な多さだ。これ以外に、部長指揮事件や署長指揮事件なども多数存在する。

私はこれらの事件捜査に加えて、一般事件や日常業務も部下と共にこなしていた。土日の出勤も多く、まとまった自分の時間は金曜日と土曜日の帰宅後から午前3時頃までしかなかった。

一方で、刑事たちの働きぶりには、いつも感心させられた。特捜本部が設置されると、1カ月は帰宅しない。警視庁だけでなく、どの県警のどの事件でも、決して専門分野ではないのに、情報を集め、初歩的な知識から研鑽を重ね、緻密な捜査を展開していた。

私の仕事は専門的立場から彼らを助け、公判で揺るがない科学的根拠に基づく大きな柱を築くことにあった。この人たちのために何が出来るかをもっと具現化できないかと、この頃から考えるようになっていた。

暴行ビデオテープの解析

平成12年8月初め、卓上の電話が鳴った。

「有働ですが。ハラさん、ちょっと来てくれる？　相談したいことがあるんだ」

有働さんは平成12年2月に警視庁へ戻り、捜査一課の理事官となっていた。

「ちょっと来てくれる」と言われて出向くと、いつも相談事だった。ところがこのときは、初めから「相談したいことがある」と言った。少し緊張しながら向かうと、

「飲むとすぐに眠ってしまう薬物って、あるかな」

「麻酔剤ならありますが、素人が使用するのは無理だと思います。それ以外の薬は、効き目が出るまでに吸収されて血液から脳へ達しなければならないので、必ずタイムラグがあるはずです。寝てしまうまで、どのくらいの時間があったんですか」

「被害者は、『飲んだら数十秒で意識を失った』と言ってるんだ」

「直感的には、ベンゾジアゼピン系の睡眠導入剤が思いつきますが……。睡眠薬を服用した人が感じる入眠までの時間は、目覚めてから思い起こすと、実際より短く感じる傾向にあります。おそらく、意識を失うまでに数分から十数分かかっていると思いますよ。

この種の薬物は犯罪に使用されるとき、通常量より多く投与されるのが常で、しかもアルコールとの併用で効果が増強するんです」

「おぉ、酒飲ませてるんだわ。それ、まとめといてくれるかなぁ。まだ極秘なんだけど、ルーシーだよ。頼むぞ」

後に◆[註12]「外国人女性等に対する薬物使用連続暴行事件」として特別捜査本部が設けられ

るが、この時点では「イギリス人女性ルーシー・ブラックマンさん失踪事件」として、マスコミが取り上げていた。

事件の端緒は、7月4日に麻布警察署の生活安全課に出された「家出人捜索願」だ。ブリティッシュエアウェイズの元客室乗務員で、六本木でホステスとして働いていた21歳のルーシーさんは、その2日前から連絡が取れなくなっていた。署長報告の段階で目に止まり、捜査一課経験もある松本房敬署長が、生活安全部長になっていた寺尾さん宛てに「特異家出人」として、所見を求めたことに始まる。

寺尾部長は直感的に事件性を感じ、有働理事官を呼び寄せ、捜査一課で対応するよう話したのだ。

このとき有働さんから聞かされた被害者は、やはり六本木の外国人ホステスだった。意識を失っている間に、客の男から乱暴されたという。その男に、捜索中のルーシーさんとの接点があった。48歳の不動産管理会社社長・織原《おばら》城二だ。

被害者の状況から考えられる薬物や麻酔剤を調べた。飲ませるという行為からは、やはりベンゾジアゼピン系の薬物が有力だったが、麻酔前投与剤なども考えられた。当時はGHB（γ-ヒドロキシ酪酸）など、多くの脱法ドラッグも流行っていた。

有働理事官からの下命はその後も続き、着手が近づいていると感じた。ルーシーさん以外に、被害にあった女性が複数いることもわかっていた。

「いよいよやるぞ。ハラさんの力が必要だ。現場に付いてきてくれ」

10月12日。逮捕と同時に、神奈川県三浦市などに織原が所有していた複数のマンションで、家宅捜索が始まる。私は当初「逗子マリーナ4号棟」へ向かった。そこは明らかに、織原が女性を誘い込む場所と見て取れた。その後、転進要請を受けて「ブルーシー油壺」に移動した。ここの床面には、よく観察しないと見逃してしまうほどのコンクリートの飛沫が円筒形に立っていた。大きさは1㎜程度で、全てが同じ方向を向いている。その方向が一致する場所で、コンクリートをこねるなどしたのだろう。遺体の解体やコンクリート詰めを行なった現場と思われた。

捜索は十数カ所に及んだ。それらの場所から、予想していたベンゾジアゼピン系の薬

◆註12

「外国人女性等に対する薬物使用連続暴行事件」薬物を用いて10人の女性（日本人4人と外国人6人）を準強姦し、2人を死亡させたとして、不動産会社社長の織原城二が無期懲役となった。起訴された10件のうち、ルーシーさんの事件だけは準強姦致死罪を認めず、わいせつ目的誘拐・準強姦未遂・死体損壊・死体遺棄を有罪と認定した。

物はもちろん、バルビツール酸系睡眠薬、ブロムワレリル尿素系催眠剤、エーテルのほか、危険性のある抱水クロラールやクロロホルム、GHBなどの脱法ドラッグなどが、箱単位で見つかった。その量は想像を絶するもので、まるで薬問屋のようだった。

女性たちを眠らせてからさまざまな性行為に及ぶ犯行の状況を克明に記録した、500本に達するビデオテープも押収された。それ以外にメモや録音など、証拠品は多種多様を極めた。

有働理事官から、「相談したいことがある」と再び呼ばれた。

「押収したビデオなぁ、被害者が全部映ってるだろう。あれから、使ってる薬物わからないかなぁ」

「えっ。映像からですか」

これには戸惑った。映像の内容から使用薬物を特定したという話など、聞いたこともない。そもそも、公判に耐えられる証拠になるのか。使用薬物の特定は、その代謝物や胃の内容物を調べて行なうのが普通だが、犯行直後でなければ使用された薬物は代謝されてしまう。証明が不可能なのだ。

少しでも可能性があればやってみるし、頼られたら引き受けて全力を尽くすのが私の生き方だ。よく考えてみると、そういう観点から映像を見たことがなかったので、何かわかるかもしれないと思った。

「検討してみます」

捜査本部から大量のビデオテープが持ち込まれ、一部の解析を始めていたところだった。映像は、意識が薄れていく女性の様子をハンディカメラで収めた場面から始まる。次第に女性のろれつが回らなくなり、意識がなくなると、場面はベッドで横たわる女性を映し出す固定カメラに切り替わる。そこに、仮面やマスクなどを被った男が登場し、執拗な性行為が繰り広げられていった。

その中で、被害者の女性の皮膚が発赤している場面を発見した。映像を巻き戻して調べると、最初の場面では発赤が認められない。精査すると、照明ライトが倒れて被害者に当たったあと、その部分に発赤が生じていることが見て取れた。

「これ、火傷じゃないかな。準強姦だと3年以上の有期刑だけど、準強姦に傷害が付けば、最高刑は無期懲役だ」

この日からしばらくは、モニターとにらめっこになった。辛い光景の連続だった。おぞましい映像を見ていると、心苦しささえ感じてしまう。被害者が強制的に意識を失わされていることは、明白だった。

まず疑問に感じたのは、被害者の顔に常にタオルが掛けてあることだ。しかし、映像を進めるとすぐ解けた。行為の途中で、被害者が首を振るなど覚醒の予兆を見せると、織原はベッド脇のテーブルから褐色の薬品瓶を手に取り、中の液体をタオルにかけて、再び被害者の顔に被せるのだ。

するとと被害者が意識のない状態に戻ることから、液体は麻酔系のものと推定できた。エーテルかクロロホルムと考えたが、エーテルは揮発性が高くて自ら吸い込んでしまう危険性や爆発のリスクがあるため、クロロホルムだと思われた。

褐色の薬品瓶は、一見して薬品と判るラベルが付いているものと、ラベルが剝がされたものなど、いくつかの種類が映っていた。ラベルが付いている瓶は、その部分の静止画を切り取って各種画像解析を試みた。しかし文字までは読み取れなかった。撮影したカメラの解像度が低く、文字も小さく、当時の技術ではどうしようもなかった。

ラベルが剝がされた瓶については「これは無理だな」と思っていたが、ぼんやり見つめているうち、あることに気が付いた。「このラベルを剝がした跡……」剝がしたあとの糊の跡がラベルの紙と一緒に固まって、筋状に残っている。「この糊の付き方は、世界にひとつしかない。これ、指紋と同じじゃないのか」

この薬品瓶が証拠品として押収されていれば、内容物の鑑定に持ち込まれているかもしれない。特捜本部に問い合わせると科捜研で鑑定中だとわかったので、すぐに向かった。鑑定はすでに終了し、内容物は99％クロロホルムだと判明していた。この瓶の返却を受け、科学捜査官室に戻って画像解析に取りかかる。

この頃の科学捜査官室は、画像分野を中心として分析資機材やソフトなども充実途上にあり、各種解析手法も開発し始めていた。大学や外部の研究室との連携も取りながら技術を習得し、作業していた。

ラベルが剥がされた褐色の薬品瓶の画像をいろいろな角度から撮影し、静止画として取り込んでから360度の立体映像にする。それを回転させながら、押収したビデオテープの映像から切り取った静止画と、重ね合わせていく。ピッタリ重なった。「これだ！」手元にある瓶と、画像に映っている瓶の、ラベルを剥がした跡が一致したのだ。

3D画像の活用は、これが初めてだった。

しかし公判対策を考えると、科捜研の鑑定書が必要だと考えた。早速、特捜本部に手続きを取ってもらった。最初は「やったことがない」と渋っていた研究員も、最終的には結果を出してくれた。いまなら、3Dの立体画像で処理すれば簡単に済んでしまう作業だ。

織原がタオルにかけていた瓶の中身は、やはりクロロホルムだった。

被害者の映像で使用薬物が特定できるか

次は、映像に映った被害者の様子から、使用された薬物を特定する作業だ。

織原が犯行を記録した映像は、被害者の意識がもうろうとし始めたところから始まるものが多かった。酩酊状態かられつが回らなくなり、徐々に意識が失われていく。つまり何らかの薬物を投与した直後から、ビデオカメラを回していることになる。場面が変わると、被害者はいずれも意識を消失し、身体を触られても無反応で、四肢の反応もほとんどない。呼吸は深く、全身に弛緩が起こっていた。明らかに通常の睡眠状態とは異なる。

医学的な内容をひとととおりまとめ、昭和大学医学部麻酔学教室の増田豊助教授（現・薬学部客員教授）を訪ねた。内容を説明し、とりあえず映像を見てもらう。

「なかなか難題だなあ。薬物の特定ですよね。医師の立場から何が言えるか、検討してみますよ」

その後も何度か、増田先生を訪ねた。

「服藤さん、通常の呼吸では、空気を肺に吸入するとき胸部と腹部が同時に膨らむんだけど、この映像では、胸部が膨らんでから少し遅れて腹部が膨らんでいるでしょう。これ、麻酔状態で起こる現象なんですよ」

この他にも、医学的根拠をいくつも示してくれた。最終的に増田先生は、意見書を何通も作成し、証人として公判にも出廷してくれた。

「カリタの件なんだけど、どうやら劇症肝炎で死んだらしいんだよ。どう思う？」

また私を呼び出した有働理事官は、そう切り出した。

オーストラリア人のカリタ・シモン・リジウェイさんという21歳の女性が、8年前に亡くなっていた。織原の別荘から病院へ運ばれ、劇症肝炎から肝性脳症を併発して、数日後に死亡していたのだ。

警察も検察も、この死亡と織原の行為との因果関係が見えずに困っていた。その後のルーシー事件捜査を見据えてのことだと感じた。

「クロロホルムには、急性・慢性を含めて肝臓毒性がありますよ」

「本当かぁ！」

有働理事官は椅子から飛び上がった。

「クロロホルムの肝臓毒性は有名です。以前は麻酔薬として使用されていたんですが、肝臓毒性が発見されてから、使われなくなっているはずです。劇症化するかどうかは調べてみますが、たぶん間違いないと思います」

「いける。これで逮捕状が取れる。ハラさん、ありがとう」

いきなり私の手を両手で強く握ってきた有働理事官は、涙目になっていた。

文献を紐解いた。クロロホルムは、19世紀中頃から用いられるようになった吸入麻酔剤だが、やはり肝臓毒性が発見されてから麻酔剤としては使用されなくなっていた。高濃度や連続的暴露の場合、急性の肝障害が発現し、ときに劇症化する。劇症肝炎発症後に肝性脳症を併発して死に至る場合があるとわかった。

特徴的には1日から3日で最初の兆候が現れ、肝機能障害の程度によって生死が分かれる。吸引量、体重、体質、肝臓の病気の有無などによって、劇症肝炎の軽重はさまざまだ。

何よりも、劇症肝炎を罹患すると「羽ばたき振戦」という特異な症状が認められることを突き止めた。カリタさんが映った映像を精査すると、意識消失状態なのに、腕や手を小刻みに振動させ、鳥が羽ばたくときのような動作をしている場面に出くわした。「羽ばたき振戦」は、肝性脳症の初期段階に見られる震えだった。

臨床医の意見も聞き取って医学的知見をまとめ、論文検索や読み込みも行なった。事件の科学的全体像を把握していることから意見書を自ら作成し、学術的に支えることにした。

死亡時の病院の検査で、カリタさんがあらかじめウイルス性肝炎に罹患していたために亡くなった可能性は否定できる。しかし、A型からG型、TTV型の肝炎に罹っていた可能性も含めて、検討しなくてはならなかった。この部分は理論が込み入っていたので、自ら証人出廷する覚悟を決めた。

有働理事官から最初に相談を受けた8月初めの時点で、証人出廷の可能性があることを感じていた。そのため、捜査に関する情報は遮断し、捜査会議にも参加しなかった。

なぜなら、法廷で被告の弁護士から「あなたは捜査会議に出ていましたか」と訊かれて、出ていたのに「いいえ」とは言えない。そのとき、「捜査会議で捜査の方針や情報を聞いていたから、それが先入観となって、鑑定や意見書の作成に影響したのではないか」と突っ込まれる余地を与えないためだ。


中間慰労の会合で、丸の内署の刑事課長から、

「服藤さんは、捜査本部にも会議にも顔を出さない」

と、みんなの前で皮肉を言われたので、

「私は今回の事件で証人出廷する可能性があるので、第三者的担保が取れなくなると困るから、あえてそうしています」


仕方なく言い返した。


有働理事官から「カリタの件は『笹やん』が担当になったから、助けてやってな」と頼まれていた笹川保係長が訪ねてきた。

「服藤先生。いま先生の知ってることを全部、俺にわかるように教えて」

が第一声。科学的な部分をわかりやすく説明すると、

「先生ちょっと、いまの言葉の意味はなんや？」

と聞き返しながら、笹川係長は必死にメモをとっていた。最後に、

「だいたいわかった。わからんことがあったら、また電話するわ」

と言い残して、特捜本部へ戻っていった。

笹川班は「カリタ事件の解明なくして、ルーシー事件の解明なし」との意気込みだったから、捜査員も連日のようにやってきた。病院や大学で医師から聞き取った専門的な内容について、その日のうちに意見を求めてきたので、わかりやすく丁寧に対応した。

この頃、捜査本部に意見書の内容説明で呼ばれたことがあった。上座に、新妻正平管理官が座っていた。捜査一課には、長い歴史の中で赤鬼、青鬼などと呼ばれる刑事が存在したが、新妻管理官も厳しい刑事として有名だった。しかし、人柄は優しかった。

新妻管理官は、地下鉄サリン事件のとき築地署で刑事課長をしていた。築地駅構内へ真っ先に駆け込み、車両床面の液体採取と科捜研への緊急鑑定を命じた人である。その後、自身もサリンによる被害が発症している。

第1章の冒頭で述べた通り、この資料を受け取って鑑定したのが私だ。私が捜査一課へ転任したのち、新妻刑事課長が捜査一課の管理官に栄転してきたので、当時の思い出を語り合ったことがある。

「服藤さん。サリンの後遺症ってわかる?」

「症例の情報が少なくて難しいですが、論文を読み込んでいて、神経系や分泌系に異常が残ると感じました」

「実は、唾液が出ないんだよ」

「それは、可能性があると思いますよ」

「あんたが初めてだよ、そう言ったの。医者に行ったたって、みんな違うって言うんだ。何にもわかっちゃいない」

新妻管理官とは、幾つかの特捜本部で一緒に仕事をさせてもらった。科学的根拠から事件を解明できたケースも幾つかあり、そのたびにお礼を言われた。しかし、

「寺尾があんたはすごいすごいと言うけれど、わしはまだ認めてはいないぞ」

という言葉もあった。一課員としてさらに精進せよ、という意味も込められていると感じた。


平成13年2月9日、ルーシーさんの遺体が発見される。織原のマンションから近い海岸の洞窟に、切断された状態で埋められていた。

その後もさまざまな質問や関連文献の調べに追われ、意見書は合計5通作成し、証人として公判に出廷した。織原の弁護士からの最初の質問は、

「肝炎はA型からD型が知られていますが、実はE型というのがあるんです。証人はご存じですか」

だった。私は、こう答えた。

「はい。知っています。それ以外にも、F型、G型、TTV型などが存在します」

「えっ。そうなの」

と慌てた様子が見えたので、「この弁護士は、私の意見書をあまり理解していないかもしれない」と直感した。重ねて、

「証人は、クロロホルムを用いた研究などしたことがありますか」

と尋ねられた。私の専門である薬毒物の最新研究では使わないはずだと考えた、よい質問だと思った。すなわち「あなたはクロロホルムの毒性を論じているが、自分で毒性の実験をやった経験はないんでしょ？」という意味で、裁判官に対して、専門家としての資質の心証を下げることが目的だ。

「はい。毒性などはすでに確立した分野ですので、毒性の研究目的に使用したことはありませんが、動物実験でマウスなどを使用したときの安楽死のために、クロロホルムを使用していました」

と答えた。証人出廷では落ち着いて質問を聴きながら、どんな回答がいいか考え、瞬時にまとめなければならない。このときは別の答え方も頭をよぎったが、こちらのほうがクロロホルムの毒性を強調できると思った。

弁護士は「しまった」という顔をして、次の質問に移った。

特捜本部事件が終結し、起訴祝いで打ち上げ会が催された。嬉しかったのは、新妻管

理官が横に来て、顔を寄せながら言ってくれた一言だった。

「あんたは、ほんもんだ」

平成22年12月8日、織原に無期懲役が確定した。

薬毒物使用事件捜査

毒物使用事件の捜査では、全く異なる2つのアプローチが必要となる。「被疑者の特定」と「毒物の特定」だ。被疑者の特定については、通常の地取り・鑑取りの基礎捜査に始まり、並行して行なわれる画像・通信などの科学的証拠、人的証拠、状況証拠などを積み重ね、犯人にたどり着いていく。

一方で毒物の特定は、純粋に科学的な鑑定として始まる。毒物の種類は多種多様で、鑑定人の力量によるところが大だが、正確な鑑定が必要となる。

死体所見や現場の状況などの情報も重要で、これらも考慮に入れた絞り込みが大切だ。凶器となる毒物と死亡等との因果関係を証明する必要もあり、状況に応じて使用毒物の定量検査も行なわなくてはならない。

通常の捜査と大きく異なるのは、毒物と被疑者の特定がなされたのち、使用された毒物と被疑者との繋がりをさらに立証する必要があることだ。捜査員にも、科学的、医学的な専門知識が必要となる。事案によっては、状況証拠の積み重ねによる立証を念頭に置くことも大切になる。

薬物使用事件は、2つに分けられる。まず、筋弛緩剤やアルカロイドなどの致死量を超える投与によって殺害を目的とする場合は、毒物事件の捜査に準ずる。

もうひとつは、殺人や昏酔強盗、準強姦（現在は準強制性交等）など、本来の犯罪目的があり、その達成を容易にするために薬物を用いるケースだ。睡眠導入剤、催眠障害改善剤、精神安定剤などの投与によって被害者を抵抗不能にしてから、本来の目的を遂げるのである。

この場合の捜査は、少し異なる。まずは毒物使用事件と同様に、胃の内容物、尿、血液の採取が大切だ。鑑定によって使用薬物を特定したのち、投与された量による効果と投与された手段、入手経路の解明などを図らなくてはならない。

薬毒物事件の捜査は、経験と知識の有無で大きな差が出る場合が多い。被害者の状態や現場の状況を判断するための薬毒物の基礎知識、内外の鑑定先など、日ごろから対応の方法を組織で共有しておくことが肝要だ。

管理職試験

平成11年秋、管理職試験を受けた。警察官に転任して以来、初めての昇任試験だった。

警部になって6年目に、受験資格が発生する。合格すると管理職警部となり、警察署の課長を拝命するのが一般的である。

他府県の警察には、この管理職警部という制度がない。警部になると所轄の課長を振り出しに本部の課長補佐などを歴任し、警部職10年以降で警視選考を受けるのが一般的な流れだ。警部は仕事の管理はもちろん、人事や勤務評定も行なうから、民間の管理職に相当する。

警視庁では、警部は所轄で課長代理を務め、その後は本部の係長として勤務することが多い。他府県警察だと警察本部の係長は警部補だから、ひとつずつポジションが異なっている。

管理職試験はまず筆記試験があり、合格すると面接試験に臨む。当時はなかなか合格できず、4、5回目の受験で受かるのが普通だった。

その時の捜査一課長は一ノ口正士さんだった。熊本県出身で、情に厚く、多くの部下から慕われていた。オウム真理教関連事件のときは暴力団担当の理事官だったが、捜査一課に応援兼務となった。麻原発見逮捕時には、指揮を執った捜査一課の山田理事官と共に現場で立ち会い、同郷の麻原に熊本弁で問いかけたという。

私も上九一色村へ何回も同行した。その後、特捜本部事件でもよく声を掛けてくださった。人事畑の経験があって昇任試験にも明るく、部下の論文の指導などを積極的に行なっていた。私も初めての管理職試験だったため、思い切って論文を見てもらうことにした。

実はこのとき、管理職に早くなりたいという思いが湧いていた。係長として仕えた管理官は、いずれも捜査本部の指揮に忙しく、科学捜査の将来像など気に留める余裕はなかった。というより、実務として具体的な科学に携わった経験が少ないため、「服藤さんに任せるよ」といつも言われた。

しかし警部の立場では、課や部を超える折衝や会計、組織作りに限界があった。現場のためには、科学捜査の活用と新たな手法の開発が必要だった。管理官になれば、自分の起案を刑事部長に直接説明できるし、組織の枠を超えた仕事ができるはずだった。

一ノ口課長は、科学捜査の本質や、こうした事情を理解してくれる人だった。

「これ書いてみたんですけど、読んでいただけますか」

「論文？　そうか、服藤さんも試験か」

多忙を極める一課長は、いつものようにニコッとしながら受け取ってくれた。自室に戻ってしばらくすると声がかかり、課長室へ戻った。

「これはよく書けてる。必要なことが全て書いてあるし、心に響くよ」

「いままでやってきた経験で、思ったことを書いただけです。ありがとうございます」

「これ借りていい？　人事一課に行ってくるよ」

すぐに課長は人事一課に向かい、理事官に「とにかく何も言わず、これ読んでみい」と差し出したそうである。

しかし、試験は見事に不合格だった。一ノ口課長に指導のお礼と力不足を謝ると、「組織がなぁ」と呟き、残念がってくれた。

その日の夜、悔しくて九州管区の寺尾部長に電話した。夜に、それもこちらからかけることなどほとんどなかった私の電話に驚いた様子だった。経緯を話すと、いつもの部長に戻って、

「ハラさん。いまは九州にいるのでどうしようもない。来年まで待ってくれませんか」

と言われた。

数日後、警察庁刑事局暴力団対策部長の岡田薫さんから呼び出された。

岡田部長とも、オウム真理教関連事件のときに出会った。当時は科警研の総務部長で、鑑定結果を踏まえた検討会の開催や、科捜研から特別派遣されていた私の立場を理解して、いろいろと配慮してくれた。警察庁刑事企画課長、兵庫県警察本部長、副総監、刑事局長と立場が変わっても、気さくに意見を聞かれた。飲みに誘われて、寿司屋で2人で話し込みながら御馳走になったこともある。

この日、部長室に入ると、

「寺尾さんから聞いたよ。私なりに警視庁の人事一課に聞いてみた。『特別捜査官の昇

任試験についてどう考えているか』と一般論で聞いたら、『今年、初めて管理職試験を受けた者が出たので、これからどのようにしていくか検討していく予定です』と言ってたよ」

それじゃ受かるはずもない、と心の中で呟いた。一ノ口課長はこのことを知っていて、残念がってくれたのだと思った。いろいろな人が、私のため、そして後進の特別捜査官のために力を注いでくれていることを感じた。

2度目の受験は翌年で、ルーシーさん事件の真っ只中だった。第1次の論文試験に合格し、面接試験に臨んだ。

主席面接官は奥村萬壽雄副総監。陪席に石川正一郎人事第一課長、関根榮治人事第二課長、鹿倉則彰警務部理事官の4名だった。一番印象に残っているのは、奥村副総監からの最後の質問だ。

「合格したら署に出たいか。それとも居座りのままがいいか」

「組織に迷惑がかかるかもしれませんが、署の第一線で仕事をしてみたいです」

理由を訊かれ、こう答えた。

「国民との接点である第一線の現場を、自分の目と肌で感じてみたいです。さらに、現場から科学を使った資機材や手法が開発できないか、トライしてみたいです」

そして、管理職試験に合格した。平成12年3月に警視庁に戻り、生活安全部長になっていた寺尾さんが尽力してくださったと、後になって知った。

寺尾正大捜査第一課長は、伝説の一課長である。警部のとき初めて捜査第一課に着任した寺尾さんは、初めは「地ベタの一課員を知らない」とか「トーシロー」と揶揄され、相手にしてくれない部下もいたそうだ。

しかしそんなことは一切気にせず、黙々と仕事をして結果を出した。そのうち、誰も何も言わずに付いてくるようになった。

「ハラさん。係長は捜査本部の鍵を開けて出勤し、鍵を閉めて帰宅しなければならないんです」

実際には帰宅できない期間が長いから、心構えを言われた言葉だ。

「係長は担当した事件については、誰よりも詳しく、どんな質問にも即答できなければ失格です」

担当事件について熟知していなければ、特捜本部の指揮は務まらないという意味だ。

寺尾一課長から質問を受けた係長が「ちょっと待って下さい」と答え、30秒後に資料を手にして受話器に戻ったとき、すでに通話は切れていたという話を聞いたことがある。

「捜査経験は期間じゃない。深さだ。内容のない経験は、いくら積んでも意味がない」

とも教えてくれた。

仕事には厳しかったが、内面はとても優しかった。常に部下の能力を見極め、頑張れば乗り越えられる課題を与え続けてくれたから、自分の能力が磨かれて自信がついてくることが実感できた。

平成13年に退官されたとき、お別れ会はヒルトンホテルで催された。警察関係者以外に検事総長以下の検察関係者も出席し、ご夫妻で各テーブルを回って挨拶された。私が、

「大変お世話になりました」

とお礼を言おうとしたところ、寺尾さんはそれを遮るように、

「お別れの挨拶はいりませんよ。ハラさんとは、これから一生の付き合いが始まるんですから。これからが本当の長い付き合いですよ」

と言われた。本当に私を理解し、育てていただいた。

全国からの事件相談

ルーシーさん事件や昇任試験の合間にも、他府県警察からの事件相談は続いた。中でも、「北陵クリニックにおける薬物使用連続殺人・殺人未遂事件」は印象深い。

平成12年12月初旬に警察庁から、宮城県警を助けて欲しいとの連絡があった。来庁した捜査員は、カルテや記録を山のように抱えていた。説明を聞きながら、これらに詳細に目を通した。

事件現場は、仙台市の北陵クリニック。容疑者は、准看護士として勤めていた守大助だ。守が点滴などを行なった患者のうち、実に10名ほどが死亡。11歳の女児が植物状態になり、症状の悪化を発見された後に回復した人が7名いた。全ての立件は難しく、科学的根拠の組み立てが必要だと感じた。

犯行に使われたと思われる薬剤は、麻酔用筋弛緩剤ベクロニウム、筋弛緩剤スキサメトニウム、利尿降圧剤フロセミド、ベンゾジアゼピン系催眠鎮静剤ミダゾラム等だった。守容疑者が患者のそばにいる際に容態が急変することがしばしばあり、臨床データも点滴後に突然乱れていた。

結論的には、鑑定で薬物の痕跡を証明することと、薬毒物に詳しい基礎部門の学者と薬物動態に詳しい臨床医からの意見書の作成を指示し、思い当たる学者や医師を紹介した。

宮城県警の捜査員は「わかりました」と答えたあと、こう言った。

「ところで、どこか鑑定先を紹介してくれませんか」

「えっ。宮城県警の科捜研があるじゃない？」

「科捜研の研究員からではないと思うんですが、情報が報道に漏れて困ってるんですよ。できたら、極秘に我々だけで進めたいんです」

「部外だと、さらに漏れる危険がありますよ。内部でいま思いつくのは、大阪府警か科警研ですね。ただし科警研だと、県警の科捜研が窓口ですし、書類の決裁ルートで多数の人を介します」

「服藤さんに任せます」

しばらく考えてから、私は受話器を取った。相手は、大阪府警科捜研の化学研究室に所属する土橋均さんである。経緯を話すと、

「困ってるんだろうから、服藤さんが言うなら」

と、二つ返事で引き受けてくれた。結局、のちに証人出廷までしてもらうことになる。

土橋さんは科捜研時代の大先輩で、学術的な活動を私より先に始めていた。博士の学位も取得していて、いつも刺激を受けていた。全国の若手研究員から「西の土橋。東の服藤」とおだてられ、今後の科捜研を引っ張っていく者として持ち上げられたことを、懐かしく思い出す。

1件の殺人と4人の殺人未遂に問われた守大助は、2008年に無期懲役が確定した。

この年の暮れ、もうひとつ大きな事件が発生した。「世田谷一家4人強盗殺人事件」である。

平成12年12月30日午後11時頃から翌日未明にかけて、世田谷区上祖師谷の住宅で発生した。初動の現場はごった返しているだろうから、時差臨場しようと準備していると、

有働理事官から連絡が入った。

「ハラさん、有働ですが」

「すぐ向かいます」

「いや、ハラさんは管理職試験に受かってるだろ。2月には異動すると思うぞ。今回は、コンピュータに詳しい部下を寄越してくれないか」

「わかりました」

この事件には、後に関わることになる。あのとき初動捜査に加わらなかったことを、私はいまも悔やんでいる。

第５章

現場の捜査に科学を生かす

歌舞伎町ビル火災

新宿歌舞伎町のビル火災現場　（産経新聞社）

新たな立場に

内示が出た。亀有警察署の刑事第二課長心得。

管理職試験の合格者は課長になるのが普通だが、現場の経験がない私に、いきなり刑事課長が務まるはずはない。捜査のことはある程度わかっても、他部門の業務内容についてはほとんど知らなかった。人事一課は、亀有署の刑事課を二課長制にして、私に勉強の場を与えてくれたのである。刑事第一課長は科捜研当時からの知り合いで、捜査一課勤務が長く、何度も一緒に仕事をしたことのある武末龍二さんだった。

「服藤さん。好きなようにやって。何かあったらフォローするから」

と言って、自由にやらせてくれた。

平成13年3月6日付で異動。毎朝4時半に起き、5時50分発の電車に乗って、7時15分頃、葛飾区にある亀有署に到着。朝一番にやるのは、前夜の110番通報や各種取り扱い事案の報告書等に目を通し、全てに印鑑を押すことだ。少ない日でも50件以上あり、多いと3桁に達した。これが署の課長代理以上の仕事の始まりで、遅くとも7時30分までに着手しなければ、朝の報告に間に合わない。

柔剣道の朝稽古は7時頃から行なわれていたが、とても参加出来なかった。正規の勤務時間は8時30分からだが、その前に当番勤務員の夜間帯の業務報告が署長室で行なわれ、課長は陪席する。前後して朝の順送（署の留置場にいる容疑者を東京地検に送ること。

戻りは逆送）があり、可能な幹部が立ち会う。その後は屋上で点検と教練。それが終わると講堂で、署長訓示・各課長指示がある。

会議も頻繁で、課長会議（課長以上の幹部会議）、金曜会（課長代理以上の幹部会議）が毎週行なわれ、月に一度の幹部会議（代表巡査部長以上の署員）、ほかにも臨時の会議や案件ごとの報告などが目白押しだった。地域の住民との交流も盛んで、夜の会合もあった。

亀有警察署は死体が年間350体ほども出る、とても忙しい署だった。江戸川や中川に死体が流れ着けば、亀有署の取り扱いになる。独居老人の多い地域なので、孤独死もあった。ひったくりや路上強盗も頻繁で、可能な限り現場に臨場した。

この年、捜査本部の設置される事件が3件発生したが、全て解決した。

ひとつは署長指揮捜査本部事件で、被害者は知人に包丁で刺されて重傷を負った。刑事第一課長と臨場し、2人きりで現場室内に入った。救急搬送された直後で、大きな血だまりが幾つもあり、凶器も発見した。犯人は明け方には判明し、翌日スピード検挙した。

2つ目は「青戸七丁目拳銃使用殺人事件」で、刑事部長指揮捜査本部だった。被害者の夫婦が就寝中、窓ガラスを破って侵入してきた外国人2名が、いきなり拳銃を発射。夫が首に2発の銃創を受けた。当初は意識もハッキリしていたのに、その後死亡。妻も、拳銃による頭部殴打で負傷した。

本庁捜査一課の一個班が構えた本部に、亀有署の捜査員も吸い上げられた。電話と車両の解析などにより、容疑者が浮上。実行犯のブラジル人3名を含む計8名の容疑者を特定し、事件は解決に向かった。

3つ目は、「稲川会大前田一家幹部らによる拳銃使用殺人事件共同捜査本部」。いわゆる「四ツ木斎場事件」である。管内の四ツ木斎場で執り行なわれていた住吉会系向後睦会幹部の通夜で、稲川会系二代目小田組のYと小田総業のMが拳銃5発を発射。住吉一家滝野川七代目総長の遠藤甲司が死亡。向後四代目向後睦会会長の熊川邦男が重傷を負い、向後睦会松井組のNが負傷した。

狙われたのは、熊川だった。犯人2人は住吉会系組員になりすまし、参列者に紛れ込んで犯行に及んだ。「ヤクザ世界でいう「義理場」での出来事だ。暴力団関係者約700人が参列しており、前代未聞の掟破りと騒がれた。犯人の2名はその場で住吉会系組員によって取り押さえられ、どこかへ連れ去られていた。

事件発生は午後6時過ぎだったが、捜査四課の捜査員はすぐに駆けつけてくれた。担当の管理官は、到着するとすぐに住吉会系の組幹部と電話で交渉していた。相手が誰だか私には想像もつかなかったが、「もし熊川が死んだら、もう電話には出ないと言っている」と聞いた。

現場検証を終え、署に戻っていた深夜に「服藤二課長を責任者として、もう一度現場で拳銃の捜索をしてもらいたい。特に植木あたりを」と、場所まで特定した下命があった。十数名で現場へ戻って捜索すると、すでに捜索ずみの場所から拳銃が見つかる。

重傷だった熊川は、翌朝死亡した。しかし、もう殺されているのではないかと思っていた容疑者2名は、生きていた。熊川が死ぬ前に「あいつらは殺すな」と言ったからだと、後日聞かされた。これらの容疑者も、交渉の末に引き渡される。

これが四課のデカの捜査なのだと思った。暴力団関係の捜査経験が乏しい私にとって、全く未知の体験だった。

この事件には続きがある。稲川会側は大前田一家に家名抹消を通達し、住吉会側と手打ちをした形だったが、住吉会幸平一家矢野睦会が中心となって、報復を始めるのである。平成14年の3回の事件を経て、一般人3人を巻き込んだ平成15年1月の「前橋スナック乱射事件」に行き着いてしまった。

エステ店における緊縛強盗、連続放火、お年寄り対象の訪問盗など、あらゆる事件が絶え間なく発生し、署は本当に忙しかった。

勤務は、基本的に6交代制だ。つまり6日ごとに当番勤務があり、夜間事案の対応を行なう。だが捜査本部などが置かれると人員が吸い上げられ、当番できる人数が減るため、5交代、4交代となっていく。当時の亀有署は、4～5交代制勤務を繰り返していた。いかに管内の事件発生を抑え、発生した案件を速やかに検挙するか。管内の治安維持がどれだけ大切かを、痛感した。

改めて思い知らされたのが、刑事たちの凄さと忙しさだ。私は科捜研の研究員の頃から刑事と話すのが好きで、積極的に話を聞き、何を求めているか理解しようと努めていた。事件現場に可能な限り臨場し、検視や解剖に立ち会い、飲み会にも顔を出した。

身分を警察官に替えてからも、捜査一課の科学捜査係長として、各種現場や捜査本部へ赴き、科学的な根拠を背景にした捜査を推し進めた。5年間のその経験で、自分なりに刑事の立場や気持ちをわかったつもりでいた。

ところが、第一線の現場は想像を超えていた。とにかく発生事案が多すぎる。課員は49名。強行犯捜査が2係、盗犯捜査が5係、鑑識係、知能犯捜査係、暴力犯捜査係、暴力団対策係の計11係に分かれ、課長代理の警部が3名いた。盗犯係などは、どの係も常に5つ以上の案件を抱え、犯人が判明しているのに人員や時間が足りないために着手できないケースも散見された。

当番勤務員は、深夜帯の事件対応で翌日の仕事が潰れるような状態だった。とにかく死体の上がる日が多く、監察医務院の先生の検視による死体検案書が出来上がるのは、夜の10時から11時になった。前日から夜通し勤務の当番員刑事は、それまで帰宅できないのである。

亀有署には、優秀な刑事がたくさんいた。ひとつ指示すれば、派生する事案対応を自分で考え、2つも3つもこなして帰ってくる。右も左もわからない私を、部下たちが懸命に助けてくれた。刑事の平均年齢は50歳を超えていたが、本部で勤務した経験のない優秀な巡査部長がごろごろいた。

若い刑事の聞き込みにも同行し、横でやり取りを聞いていた。アパートなど一軒一軒を丁寧に回り、警察手帳を提示しながら、受け答えに応じて的確に質問事項を変えていく。本当にみんな優秀だった。

デジタル化の遅れを痛感

転勤して来て最初に課長席に座ったとき、広い刑事部屋が一望できた。たくさんの刑事が忙しそうに仕事している様子を見たときから、彼らのために自分の立場で何が出来るのか考えながら、日々を送った。

現在と違って私用のパソコンを使えたから、捜査一課の科学捜査係長時代に使っていた各種ソフトを可能な限り入れていた。携帯電話の解析ソフト、暗証番号解読ソフト、画像解析ソフトや薬物辞典まで揃えた。インターネットは個人的に常時接続して、必要なときに活用していた。平成13年当時、警察署にインターネットの専用回線はなかったのだ。

着任後の刑事課員に対する初めての挨拶で、各種解析をできる限りやるので、何でも相談するように話した。翌日から課員は「二課長、いいですか」と恐る恐る、解析の必要な事案を持ってきた。その後、何人も相談にきはじめる。この分野は現場でそれほど必要でありながら、整備が遅れていることを痛感した。

公用のパソコンは、刑事1人につき2台配備されていた。1台はイントラネットで警察組織内の業務やメールをするためで、もう1台は独自に使うパソコンだ。ところが刑事は、これらを使う場面や時間がない。刑事の机は小さい事務机で、法令や捜査関連の書類やメモなどが所狭しと置かれている。多くの者は、2台重ねて置いたパソコンの上で書類仕事をしていた。

平均年齢50歳以上の刑事が人差し指だけで一太郎と格闘する光景が、そこここに見受けられた。課員に「インターネットをしたことある者」と訊いても、数人しか手が挙がらない。

早速、署長の許可を得て、毎週のようにアフター5に講堂で講習会を開いた。「ワープロの使い方」「インターネットの使い方」などとテーマを決めて希望者を募ると、たくさん集まってくれた。しかし捜査本部が立ち上がると、これらの時間も取れなくなってしまう。

捜査本部では、若い刑事が呼ばれて、

「おぉーい。現場の図面作ってくれ」

と命じられる。重要事項を書き込んだり貼り付けたりして、本部員で情報を共有するため、帳場に大きな地図を張るのである。刑事部屋に備え付けのゼンリンの住宅地図をコピーして貼り合わせるのだが、気を付けて持たないとばらけてしまうくらい使い込まれていた。何回も何回もコピーしているうち、本の背側の糊付け部分が外れていったためだ。


若い刑事は、コピー機の前で腕を組みながら、何やらブツブツ呟いている。

「93……95くらいかな……」

「おい、何やってんの。早くコピーしなきゃ」

と思わず声を掛けると、

「二課長。何も知らないんですねぇ。これ、ページごとに倍率が違うんですよ」

驚いた。本当に知らなかった。縮尺が異なるページを等倍率でコピーすれば、貼り合わせて一枚にしたとき、道路や家がずれてしまう。コピーの倍率を試行錯誤しながら、縮尺を合わせる必要があるのだった。


ようやく繋ぎ合わせて出来上がった大きな地図を捜査本部の壁に貼るのだが、書き込みにミスが生じると、「おーい。地図張り替え」と再び地図作りが下命される。要領のいい刑事は、初めの段階で2枚ずつコピーしているのですぐに用意できるが、またコピー機の倍率とにらめっこする若い捜査員もいた。刑事はこんなところでも苦労しているのだ。何とかならないものかと思った。

ある日、路上強盗が発生した。緊急配備で、私を含むほとんどの者が飛び出して行って捜索したが、犯人は見つからない。署に戻って、近くの防犯カメラ画像の回収を下命した。当時は、個人の家に設置された防犯カメラが少ない上、警察はその場所をほとんど把握していなかった。そこで、

「特に、コンビニの防犯カメラを」

と指示した。

「わかりました」

と答えて部屋から飛び出して行った刑事は、大きなファイルを持って戻ってきて、1枚ずつめくり始めた。不思議に思って、

「何やってんの？」

と尋ねると、

「コンビニの台帳ですよ。生安（生活安全課）に行って借りてきました」

「地図上かなんかに落としてないの」

「そんなもん、ありませんよ」

いまならインターネットで瞬時に調べられるが、まだまだアナログの時代だった。

またあるとき。ひったくりが発生し、緊急配備ですぐに犯人を確保した。捕まえてみると、自転車に2人乗りの中学生と小学生だった。

「おーい誰か。虞《ぐ》犯《はん》少年（罪を犯すおそれのある少年）のたまり場わかるか」

と声をかけると、若い刑事が部屋を出て行ったきり、なかなか戻ってこない。ひょっとしてと思って生活安全課へ行ってみると、少年係の席でやはり台帳をめくっていた。刑事は仕事が目一杯なのに、こんな作業にばかり時間を取られていた。

ひったくりといえば当時の亀有署は、発生件数が警視庁でトップクラスだった。いつも管内の南の地区から始まり、5、6件の犯行を繰り返しながら北上していく犯人がいた。課員は「黒バイク」と呼んでいたが、隣接する埼玉県の八潮市か三郷市に拠点があるようだった。この犯行が毎月3、4日、件数にして20件弱発生していた。

南地区で発生を認知した際、緊急配備で初めは現場へ直行していた。しかし被害者はお年寄りの女性が多かったから、交番へ届け出る頃には、「黒バイク」は犯行を重ねながら埼玉県へ逃げ込んでいると思われた。これでは捕まらない。

そこで、検挙班を北地区の橋を中心に配備した。亀有署管内と埼玉県との境には川が流れているから、必ず橋を通るはずだ。しかし、結果は伴わなかった。

「どこか抜け道みたいな橋はないの？」

と課員に訊くと、

「水門があります」

と言う。

「よし、いまから行ってみよう」

見に行くと、水門の上には人やバイクなら通れるスペースがあった。上のほうには、防犯カメラを設置できそうな場所がある。課員に尋ねると、

「二課長。それ、無理です。ここは国土交通省の管轄で、付けさせてもらえません。以前にも係長が断わられてます」

「私が行く。もう一回頼んでみよう」

早速、管理事務所に赴き、事件の悪質性と常習性、お年寄りが巻き込まれている危険性などを丁寧に説明すると、「前例はないですが」と言いながら、防犯カメラの設置を許可してくれた。

「さあ、捕まえるぞ」

後日このカメラに、犯行後に逃走する「黒バイク」が映る。そして検挙に結びついた。刑事の見立て通り、犯人は八潮市に住んでいた。

捜査支援

6月13日、警視の面接試験に呼ばれた。

以前は管理職警部から警視になるのに2年以上かかったが、この頃は1～2年に短縮されていて、書類選考にパスした者が面接試験に呼ばれていた。いろいろな質問があったが、最も印象に残っているのは、

「署に出てみて、具体的にどのようなことを感じたか」

との問いだった。

「発生する事案内容も住民の身近な事柄が多く、刑事と地域との連携の必要性と、刑事が直接住民の不安を解決する大切な役割を持つこと。現場では、IT化や科学の活用が遅れているので、できるだけ早く第一線で活用できる仕組み作りが必要で、これを全庁的に広め確立していくことの重要性を強く感じた」

と答えた。そして、警視試験に合格した。

亀有署の刑事課勤務で得たものは大きく、その後の人生を大きく左右した。現場のために、刑事のために何ができるかを突き詰めたとき、私には専門分野の科学しかなかった。刑事が忙しすぎるのは、雑務が多すぎ、機械化や効率化が遅れていたからだ。特に情報面の収集と管理、活用が全くできていなかった。このままでは、犯罪者に勝てない時代がやってくる。さまざまな情報の共有と活用を全庁的、さらには全国的に、急いで

展開しなければならない。そんな使命感があった。

私が取った行動は、組織人として非常識だったかもしれない。

石川正一郎人事第一課長の元に向かった。

「署の勤務はどうですか」

「充実しています。現場の状況を肌身に感じて、多くのことを勉強させてもらいました」

「それはよかった。何かありましたか？」

「私を本部に戻してもらえませんか」

「えっ。服藤さん、本部に戻りたいんですか」

「そうです。本部に戻って、自分の立場で早急にやらなければならないことがわかりました。ひとつは、捜査を専門的に支援する業務を作ることです。２つ目は、地図を基本としたシステムの構築です。３つ目は、現場で誰もが簡便に使える画像解析ソフトなどの資機材の開発と配備です。４つ目は、各種解析手法と捜査手法の開発です。すべて現場の刑事のための『捜査支援』という、全く新しい仕組み作りです」

「わかりました。考えてみましょう」

亀有署刑事課の課員には、申し訳ない気持ちでいっぱいだった。しかし、彼らのためにも自分が担うべき役割に気付いたのである。

平成13年9月11日付で、捜査第一課の管理官となった。菅原忠雄捜査一課長から、

「俺としては、君がいてくれたら心強いし嬉しいよ。だけど服藤君、何を焦ってるの。その若さでそのポジションだよ。あとはジッとしていれば、組織は考えてくれるよ。警視庁は素晴らしい組織だ」

と言われた。

この日の夜、大変な事件が起こった。アメリカ同時多発テロ、いわゆる「9・11」である。以後テロに対する緊張が、国内でも警視庁内でも高まった。何というタイミングで本部に戻ったのだろうと思った。

頭の中は「捜査支援」の仕組み作りで一杯だったが、テロ対策に関連し、全庁的な事案対処の会議やマニュアルの策定に参画した。警備部・公安部・刑事部・生活安全部が中心となり、「初動捜査要領」等を作っていった。地域部では「最初の情報に接するのは地域部」との声が上がり、化学テロや生物テロに関する講演を依頼された。東京都、消防庁、自衛隊とのテロ対策会議にも引っ張り出された。

こうした流れは平成15年まで続き、9月2日に東京都が主催して9カ国が参加した「第1回アジア危機管理会議」に至る。私は警視庁を代表して「地下鉄サリン事件発生直後の警視庁の対応と、その教訓を基にした各部の取り組み、特に、教育・訓練、装備資機材の導入、関連機関との協議体制、新組織の設立、法令改正」などについて、プレ

ゼンテーションを行なった。この会議は、各国持ち回りで現在も続いている。

世田谷一家4人殺害事件

もちろん、捜査一課の管理官としての仕事も待ち受けていた。菅原一課長からは、特別捜査本部の全てに関わって、自分の得意分野で対応するようにと下命を受けた。

まず気になったのが、「世田谷一家4人殺害事件」。捜査本部の正式名称は「上祖師谷三丁目一家4人強盗殺人事件」だ。宮澤みきおさん(44)、妻の泰子さん(41)、小学2年生の長女にいなちゃん(8)、長男で保育園児の礼君(6)の4人が殺害されて見つかったのは、前の年の大晦日。このとき、すでに9カ月が経っていた。

着任後すぐに現場へ向かった。捜査本部のある成城署では管理官以下から説明を受け、疑問に思ったことを細かく質問した。

現場を見て、物盗り系の犯行だなと直感的に思った。家中の引き出しが、全部開いていたからである。空き巣など盗犯の手口だ。上の段から引き出しを開けたら、いちいち閉めなければ下の段を開けられない。だからプロは必ず、下から順に開ける。物色が終わったときは、すべての引き出しが開いたままになっているのだ。

しかし家族全員が亡くなっているので、盗られた物がわからない。現金が一部に残されていたが、元々どこにいくら置いてあったかもわからなかった。目立たない立地の家ではあるが、お金の有無もわからずに盗みに入るものだろうか。幼い子どもを含む家族全員の殺害が目的というのも、考えにくい話だ。

自宅のパソコンを操作したらしいのだが、精査した形跡がなかった。新しいファイルをワンクリックで作ったり、ネット上のサイトに行くのだが、意図が感じられず、Ｍａｃのパソコンを使ったことのない者が触ったかのような印象を受けた。

状況的には、犯人が現場で一晩過ごす理由が見当たらなかった。長居をした根拠は、犯行翌日のパソコンのワンクリック使用だ。しかし、前夜にパソコンを上手く使えなかった者が、翌朝ワンクリックだけのために起動するだろうか。

パソコンの電源の落とし方も、腑に落ちなかった。コンセントから直接、コードが引き抜かれていたからだ。電源が落ちた時刻は、みきおさんの母親が現場に入った時刻と一致した。動転した母親が、足に引っかけて抜いてしまったのではないかと思われた。

管理官は本件で二代目の担当で、初動捜査が緻密でなかったことを嘆いていた。私もみきおさんの手帳から疑問点を指摘したのだが、捜査のツメがなされていなかった。

極めつけは、みきおさんが職場で使っていたパソコンについて質問したときだ。押収さえされていなかったのだ。捜査員に理由を問うと、

「会社では、何もありませんから」

「どうやって裏付け取ったの？」

「社長と副社長に聞きましたから。あの人たちの話を聞いていると、犯人とは思えませんでした」

これが刑事の言葉か。耳を疑うしかなかった。すぐ捜査員に指示して職場のパソコンを当たらせたが、すでにほかの人が使っていて、古いデータは消されていた。

現場で感じた犯人像もあったが、話していいものか迷った。1週間ほど経って、理事官のところへ報告に向かった。

「航空会社の搭乗者名簿のことなんですけど」

海外へ高飛びした可能性があるため、事件直後の出国便を調べなければならなかった。

「搭乗者名簿？　そんなこと言われるまでもない。着任してすぐに手配したわ。あれはなぁ、保存期間が3カ月で短いの。だからいまは手に入らないんだよ。遅れて来たおまえが気付くようなこと、言われなくてもちゃんとやったわ」

では、私がいま小脇に抱えている物は何だと言うのか。私は黙って理事官の元を去り、管理官のところへ向かった。

「搭乗者名簿ですけど、入手されてますか」

「あれは保存期間が短くて、無理みたいなんですよ」

そこで、持参した分厚い書類を開いて見せた。私が自分で考えた目的地数カ所への、複数の航空会社の搭乗者名簿だ。平成12年12月31日から3日分、厚さにして数㎝。特別なルートから入手したものだった。

管理官は目を見開いて覗き込んだ後、私の顔をじっと見つめ、無言で頭を下げた。

本件はまだ継続捜査中なので詳細は避けるが、私はそのときどきの目的を持って計3回現場に赴き、詳細な検討を行なった。

新宿歌舞伎町ビル火災

捜査一課に戻ってすぐ、火災班からも声がかかった。火災時に発生するガスの毒性に関する論文を書いていたこともあって、正式に鑑定する可能性も含め、現場の状況を一度見て欲しいという依頼だった。

平成13年9月1日未明に発生した「歌舞伎町一丁目雑居ビル火災に伴う多数焼死事件」。44名もの犠牲者を出した、いわゆる「新宿歌舞伎町ビル火災」だ。

4階建ての明星56ビルは東西に長く、西側が歌舞伎町一番街に面していた。正面左寄りに階段があり、屋上まで続く。2階部分までは、煤の付着などは見られたが、火炎の強さはそれほどでもないと感じた。足元には、多数の衣類、おしぼり、プラスチックケースなどの焼損物が重なっていた。

2階から3階に上る階段の中間点あたりから焼燬状況は一変し、特に3階から4階の階段で激しかった。コンクリートの壁が真っ白に変色し、所どころで熱によるひび割れを起こし、一部は剝がれ落ちていた。屋上への入り口には扉があったが、消防隊が開放するまで閉まった状態だったから、釣鐘型の火災が発生したと思われた。つまり、酸素の供給が少ないため、火災時に発生するガスが階段の上のほうから溜まる状況が見て取れたのだ。

3階に入っていたテナントはゲーム機マージャン店、4階は接待を伴う飲食店だ。店舗内の焼け方は、階段部分に比べると弱い。入り口から近い部分は天井にも火が回っていたが、奥へ行くと天井や壁の合板はほとんど焼け残っていた。そこには、大量の煤の付着が認められた。3階は二重天井になっていて、そのほとんどが焼け残っていた。これらの状況から直感的に、犠牲者は焼死ではなく、一酸化炭素中毒で死亡したものと感じた。

通常は、階段からの出火では燃えるものがないので、これほど燃え広がらない。しかしこのビルの階段には、中身の詰まった複数の大型ごみ袋、多数の衣類、おしぼり、プラスチックケースなどの可燃物が置かれていた。

火点（出火場所）は、3階のエレベータホール付近とされた。特に階段部分の焼損が激しいのは、ガスの配管が外れたことと、消防隊が到着して消火作業や屋上の扉を開放したことにより、一階入り口からの空気の流れが生じ、階段部分における二次的な煙突効果から燃焼が継続したためと思われた。

ガスは恐ろしい。令和元年7月18日に発生した京都アニメーションの放火殺人事件でも、36人が亡くなり、被疑者を含む34人が負傷した。すでに警察を退職していた私は、発生してすぐNHKに呼ばれた。燃え盛っている建物の映像を見て、思いつくことをコメントして欲しいというのである。

「1階の窓が壊れて飛散し、爆燃現象が起きている。黒煙が強く2階3階外壁の煤の付着が多い。ガソリンのような液体が撒かれて、急速な火災が起こったものと思われる。1階では状況が分からないまま火炎に包まれ、2階3階では戸惑っているうちに下から黒煙が上がってきて、酸欠と一酸化炭素と二酸化炭素の混合されたガスは、瞬時に一番上の3階まで達したはずだ。それに覆われて運動機能が低下し、逃げ場を失ったと思われる。火が出てからでは逃げるのは困難と思われる」

防火扉が閉まっていれば死は防げた

歌舞伎町ビル火災の現場を見てから半年以上経って、正式な鑑定を依頼された。当初から放火の可能性が疑われたので、犯人を探す捜査は継続していた。しかし事件捜査は、もう一つの方向へ大きく舵を切る。「ビル管理者に対する業務上過失致死傷罪」の立件だ。

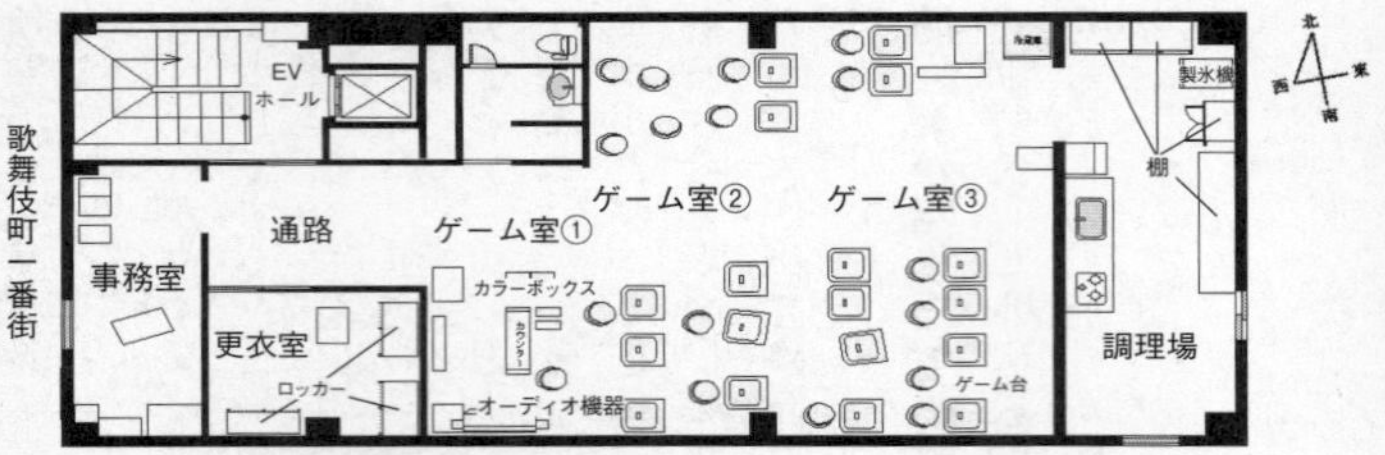

図５－１　３階店舗内の状況

検察庁を交えた検討会が開かれ、毒物の専門家として同席した。火災で発生したガスの毒性からのアプローチによって、業務上の過失の有無を科学的に解明しようというのである。前例のない立証だった。学術的な観点からの検討会が、何度も行なわれた。私は、被害者の生死の可能性について、ガスの毒性の解析から解明して欲しいという鑑定を依頼された。

午前０時55分頃に火災報知器が作動しているから、その数分前に出火したと考えられた。燃焼は階段やエレベータホールに置かれていた物品に広がり、一酸化炭素を含む大量の発生ガスによって、３階にいた17名と４階にいた27名の計44名が死亡。ほかに３名が負傷した。司法解剖の結果、死亡原因のほとんどが一酸化炭素中毒とわかった。

３階のマージャン店では、奥の調理場に多くの被害者が倒れていた。煙の侵入場所であるエレベータホール近くの入り口から、少しでも遠くへ逃れようとしたこと。調理場には窓があり、新鮮な空気や脱出の可能性を求めたことに

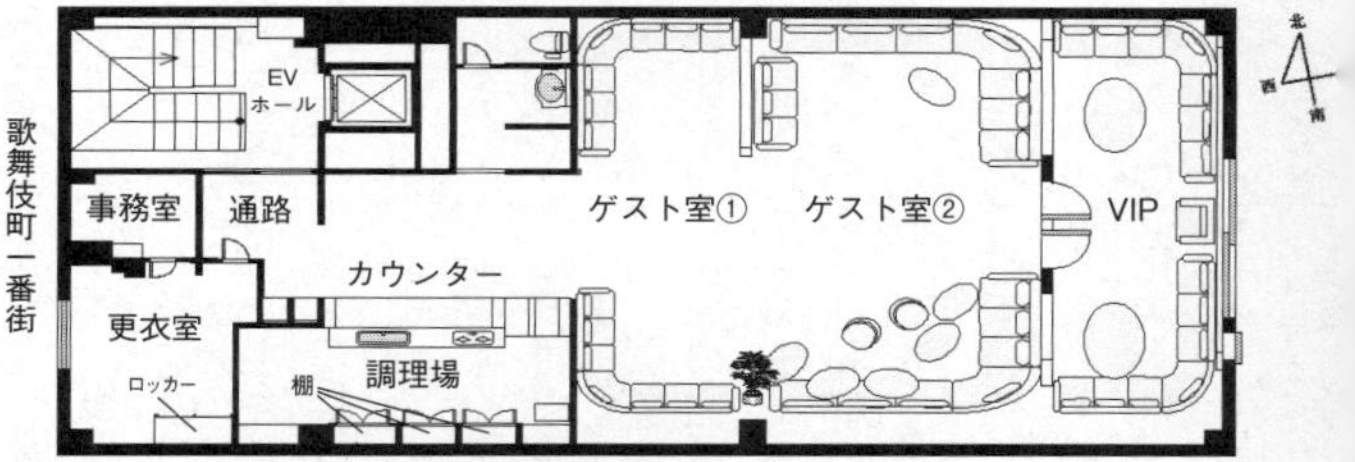

図5－2　4階店舗内の状況

よると思われた。（図5－1　3階店舗内の状況　参照）

4階の飲食店では、被害者はフロア全体に倒れていた。奥のVIPルームに内側から板壁が内装されていたので、窓の場所が確認できず、脱出可能な場所がわからなかったためと思われた。（図5－2　4階店舗内の状況　参照）

現場検証などから、火災発生時は3、4階ともに、エレベータホールに放置された障害物のせいで防火扉が閉まらない状況だったことが判明した。防火扉に連動する熱・煙感知器も、3階では二重天井の内側にあり、火災発生を有効に感知できない状態だった。このビルに非常階段はなく、4階だけにあった避難器具は使えない状態。各店舗の従業員には、避難誘導の訓練もなされていなかった。

鑑定嘱託事項は、「明星56ビル火災における発生ガスの毒性について」。内容は、もしも防火扉が正常に作動していたら、ビルにいた人たちは助かったのか否か、である。防火扉が作動しなかった場合については本件火災で結果が出ているわけだが、その過程に関しても科学的解析を求められた。

発生したガスについては、東京理科大学総合研究所・火災科学研究部門の須川修身教授が行なった鑑定のデータを基に、毒性を論じることになった。これは、本件を業務上過失致死傷罪として立証するために不可欠だった。

火災時のガス毒性は、一酸化炭素を中心に論じられることが多い。死亡原因としては、特別な事情がない限り異論のない領域だ。しかし今回は、火災時における人の生死を論じるため、発生したガスについてできるだけ詳細に把握しなければならない。

燃える物の種類や酸素の供給量によって、生じるガスの組成や毒性は異なる。それぞれのガスの単一成分はもとより、相互作用による混合毒性にまで言及しなければ、実際に起こった現象の結論は導けない。死亡の可能性だけでなく、生存できたかどうか。また、そのときの意識レベルや運動機能に及ぼす影響についても論じなければならず、実務としては全く未知の領域だった。結論をどのように導き出すか、困難が予想された。

火災時に必ず発生する毒性ガスが、一酸化炭素だ。人は生きていくために、空気中から酸素を取り入れている。酸素は血液中のヘモグロビンと肺で結合し、全身へ運ばれていく。一酸化炭素は、このヘモグロビンと結合する力が、酸素の200倍～250倍も強いといわれる。したがって空気中に一酸化炭素が存在すると、ヘモグロビンは酸素ではなく一酸化炭素と結合してしまう。このため体内の酸素が欠乏し、身体の活動に支障をきたし、最後は死に至る。

また、火が燃えるときは酸素が使われ、二酸化炭素が発生する。燃焼がさらに進んで酸素が足りなくなると不完全燃焼が起こり、毒性の強い一酸化炭素が発生する。酸素の減少と高濃度の二酸化炭素には、一酸化炭素の毒性をより強くする相乗効果がある。つまり火災時には、単独の一酸化炭素よりも危険な混合ガスが発生するわけだ。

意識レベルや運動機能への影響を論じるに当たり、1895年に、オックスフォード大学生理学教室講師のホールデンが行なった実験を参考にした。医師であるホールデンは、自らを低濃度の一酸化炭素に暴露し、身体に起こった異変を記録している。現在では考えられないが、当時は科学者自身やボランティアによる人体実験が行なわれていたのだ。

この実験結果によると、一酸化炭素が意識レベルや運動機能に重篤な症状を発現させるのは、約4000ppmでは約26分～28分以上暴露したとき。約2000ppmでは約50分以上暴露したとき。約1200ppmでは約90分以上暴露したときだった。

明星56ビルに有効な避難装置が設置されていたと想定して実験した結果、避難に要する時間は3階で12分3秒、4階で17分43秒だった。実際の消防活動では、火災発生の約20分後に消防隊員が2階踊り場の下から3階に向けて放水を開始し、その後3階の店舗内に進入している。

本件において、ビル内にいた人が救出されるのに必要だと想定される最長の時間は、約30分とされた。したがって、この時間内におけるガス暴露毒性を論じることになった。

各種ガス濃度の経時変化の解析と、医学的考察による結果としてわかったことは、以下の通りだ。

――本件の火災が発生してからの、身体的症状の時間的変化を検討すると、3階の店舗では約10分後に意識レベルや運動機能の低下が起こり始め、約12分後から半数の人が死に至る状態が発生する。約15分〜22分後には、ほとんどの人が死亡してもおかしくない状態になる。

4階の店舗では、約10分後に意識レベルや運動機能の低下が起こり始め、約13分後に半数の人が死に至る状態が発生する。約15分後には、ほとんど全員が死亡してもおかしくない状態になる。（図5－3　本件火災［防火扉開放］時の身体的症状の経時変化　参照）

一方、防火扉が正常に作動して閉まった場合はどうか。3階では一部の区画で、動悸、頭痛、めまいなど、意識レベルや運動機能の低下が起こり始める場所はあるものの、30分以内に重篤な意識レベルや運動機能の低下は起こらないことがわかった。

4階では、約20分後に動悸、頭痛、めまいなど、意識レベルや運動機能の低下する人が出てもおかしくない状態となる。約23分〜25分後には重篤な症状を発現する者が出て

もおかしくない状態となるが、死に至る人は発生しない――。（図5－4　防火扉作動［閉扉］時の身体的症状の経時変化　参照）

以上の結論が導き出された。

立件されたビル管理者

ビル管理者に対する業務上過失致死傷は立件され、私は鑑定意見書を作成し、公判にも証人出廷した。裁判では、その他の鑑定や証言も含め、総合的に審理が行なわれた。

東京地裁の判決は、「本件ビルにおいて、3階及び4階の店舗の防火扉がそれぞれ自動的かつ正常に閉鎖するように維持管理されていれば、消防活動を考慮に入れると、本件火災発生の際に、防火扉が閉鎖した店舗に籠城した客や従業員に死亡結果が発生する可能性はまずなかったものと認められる」として、ビル所有会社の社長や役員らの業務上過失致死傷を認め、禁固2年から3年を言い渡した。

私の鑑定結果が採用されたのだ。ただし出火を予測できる可能性が低かったことや、遺族の民事訴訟に和解金を支払っていたことなどから、4年から5年の執行猶予が付いた。

本件が44人もの犠牲者を出してしまった原因は、可燃物が置かれることが想定されていない階段部分に、燃える物が多く放置されていたことに尽きる。そもそもこれがなけ

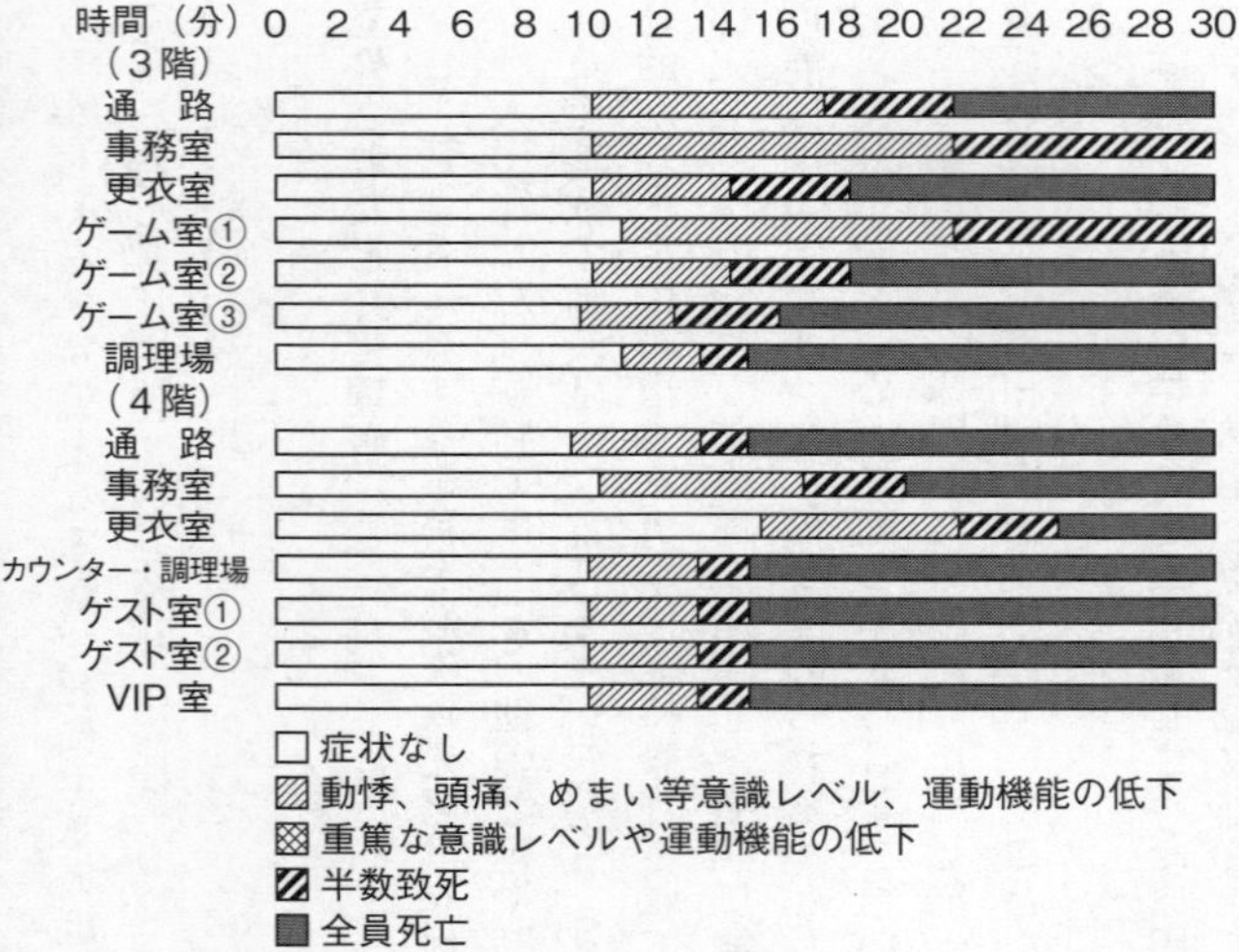

図5－3　本件火災（防火扉開放）時の身体的症状の経時変化

れば、火災自体が発生していないはずだった。

建物の階段に燃えやすい物がたくさん置いてあったり、窓が塞がれていたり、3階の火災報知器が鳴らないのは、すべてビルを管理する側の責任だ。警察がその過失責任を立件し、裁判所が認定したことは、放火犯の罪を減じる可能性が出てくる。その点に、複雑な思いも残った。

管理の徹底とよく言われるが、本件のように多くのテナントが入る雑居ビルの現状は、まだまだ変わっていない。大切な考え方として、不特定多数の人が出

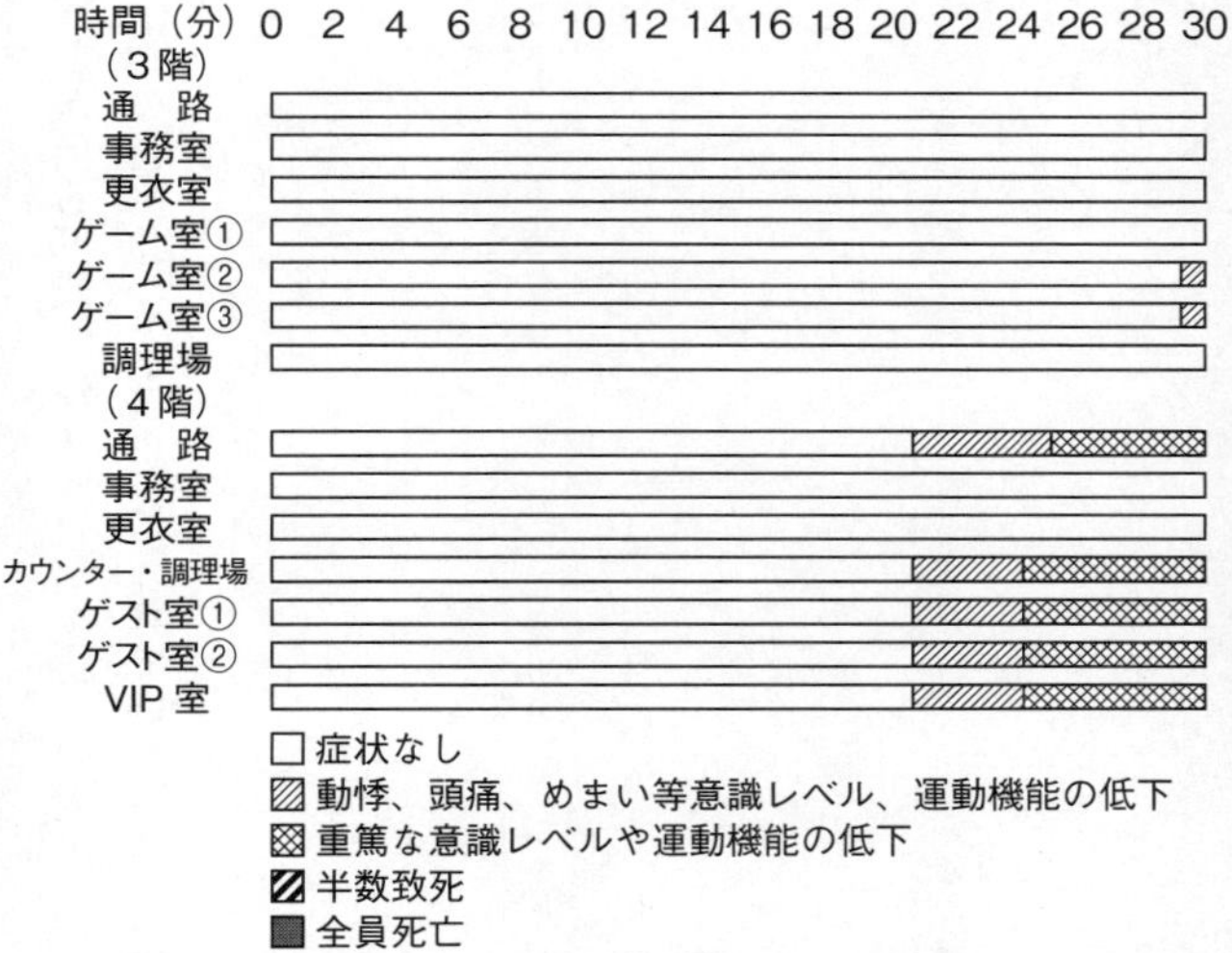

図5－4　防火扉作動(閉扉)時の身体的症状の経時変化

入りする全ての建物には、入り口と反対側に外階段の設置を義務付け、火災発生時などの避難ルートは2カ所以上を確保することを基本とするべきだと思う。

新宿歌舞伎町ビル火災をきっかけとして、翌年10月に消防法が大幅に改正された。ビルのオーナーや管理責任者は、大きな法的責任を負うことになった。

防災や火災、建築に携わる人、流体力学、ガスの毒性などの専門家、さらにＡＩやＩＴ分野の人などを広く交えた検討会を行なうことも大切だ。防災や避難だけでなくロボティックなテクノロジーの活用を見据えて、被害者が出る可能性のない、全く新しい火災発生の自動認知、避難誘導はもちろん、初期消火の自動化なども視野に入れていく時代ではないだろうか。

第６章

犯罪捜査支援室の初代室長となる

東京駅コンビニ店長刺殺事件

コンビニ店長が刺殺された当時の東京駅構内（時事）

安楽死か殺人か

私が警視庁本部に戻ったことを知って、他府県警察からの相談依頼も復活した。その中のひとつが、神奈川の「川崎協同病院安楽死」である。事件は平成10年11月に発生していたが、平成14年4月になって、内部告発を受けた病院が記者会見を開いて公表した。喘息の発作による低酸素脳症で意識障害のあった58歳の男性入院患者は、人工呼吸装置は外れたが、気管内チューブを装着したまま2週間が経過していた。担当医師は家族に対し、救命は困難で回復の見込みはないと説明した。そして家族の要請を受け、気管内チューブの抜管を実行した、とされる。

ところが、そのまま息を引き取るものと予期した患者が苦しみ始めたため、鎮静剤のセルシンやドルミカムを静脈注射した。それでも苦悶を鎮めることができず、看護師に命じて筋弛緩剤のミオブロック3アンプルを投与したところ、呼吸停止、心臓停止に至ったという経緯だ。

インフォームド・コンセントや延命治療、終末期医療のあり方について考えさせる出来事だった。しかし日本は安楽死を認めていないから、患者を積極的に死に至らしめたこの医師の行為は、殺人罪に問われた。争点は、一連の対処が正当な医療行為だったかという点と、家族への説明が充分になされていたかという点だった。

相談に来た神奈川県警捜査一課員に対し、臨床医や基礎分野の医師への意見聴取と、担当医師が家族に説明した内容を詰めるように指示した。担当医師の行為については、多くの臨床医、救急救命医、麻酔科医などから意見聴取がなされ、

「この患者の場合、気管内チューブを抜管し自然呼吸に移行したとしても、やがて死に至ることが予想される」

「予期しなかった反応に対し、鎮静剤のセルシンやドルミカムの静脈注射を行なったことは、正当な医療行為である」

「ミオブロックの投与は呼吸を停止する目的で、苦悶状態の鎮静目的としても、本件のような3アンプル投与は理解しがたい」

などの意見がまとまっていた。3番めの意見は、ミオブロック3アンプルの投与は、患者を死なせる以外に目的が考えられないという意味だ。

捜査員が、3回目の相談のために警視庁へやって来た。

「服藤管理官。ダメです。着手できません」

「なんで？　これだけの意見書が揃っていれば、大丈夫だと思うけど」

「問題は、家族への説明の有無です。担当医師は、薬物投与やそれらに伴う結果も説明したと言ってるんです。しかし家族は、そんな説明は聞いていないと言うんですよ」

平行線か……。しばらく考えた。

「医師が医療行為をするとき、必ず看護師が付くでしょう。看護師の日誌はどうなって

るの？」

「医師が行なったと言っている説明は、記載されていません」

その日、家族が全員集められたということは、最初からこの行為をする予定でいたのだろう。考えを巡らしていたら、あることがひらめいた。

「看護師は当番制だから、必ず同じ医師を担当するわけじゃないよね。その看護師の過去の日誌と、担当した医師のカルテを突き合わせてみたらどうだろう。その逆も。本件の医師の過去のカルテと、そのときどきに担当した看護師の日誌を突き合わせてみたら？」

「わかりました。ありがとうございます」

1週間ほどして電話が鳴った。

「着手できそうです。検事のGOサインが出ました。過去5年間まで全部調べました。そしたら、問題の日のカルテと日誌だけが異なるんです。医者のカルテには患者の家族に説明したと書いてあるのに、看護師の日誌には、その大切な記載がない。他は、全て一致しました」

「5年分も突き合わせたの？　大変だったね」

地道な作業を苦にせず、こなしてしまうのが刑事だ。

担当医師は起訴され、一審は殺人罪の成立を認めて懲役3年執行猶予5年を言い渡した。二審は家族から要請があった事情を認定し、殺人罪としては軽い懲役1年6カ月執行猶予3年に減刑。この判決が、そのまま最高裁で確定した。

亀有署から捜査第一課の管理官に移って間もなく、捜査支援業務の起案に取り掛かった。新しい資機材の開発も並行させなければならない。これには時間がかかるし、急がないと次年度の予算請求に間に合わない。

発生する犯罪に、新しい技術や前例のない手法が登場していた。携帯電話やインターネット等の通信手段や各種インフラを、犯罪者は直接的・間接的に用い始めたのだ。これらに対峙するため、我々も科学を用いた新たな捜査手法や資機材を開発し、組織として連携させ、活用する必要に迫られていた。

過去の事件の情報を収集したり分析する試みも、業務主管ごとのデータベースは存在していたが、横断的に使う仕組みがない。情報の解析や活用を実務とする専門部隊を、新しく作る必要があった。新たなデータベースの構築とデータ解析、通信・画像・デジタル・フォレンジック（デジタル鑑識）などの解析を、科学、地理、統計、心理などの専門別にアプローチしていくことが大切だ。

しっかりとした原案を作った上で、新たに「犯罪捜査支援室」を立ち上げたかった。平成8年に「科学捜査官情報収集・分析室」を構築したときとは、内容も規模も違うものになる。

ところが、次の一課長や理事官は関心を示さなかった。それどころか、

「お前は暇だから、そんなことばっかり考えてるんだ。一課は、犯人を挙げてなんぼの組織だ。ちょうどいい。いま、三田署で行方不明の案件が上がってきた。被害者の口座から金が引き出されている。たぶん被害者は死んでいるだろうから、おまえ、これやれ。ただし部隊はいないからな。1人でやれ」

と命じられた。嫌がらせだと思った。私は、科学に関係する事象があるときはどんな事件の捜査本部にも関わったが、事件捜査の指揮は行なっていなかった。しかし、新たな勉強の場を与えてくれたのだと自分に言い聞かせ、三田署の刑事課へ向かった。

捜査一課の管理官は事件指揮が本来の職務であり、いくつかの捜査本部を掛け持ちすることも少なくない。署に設けられた帳場（特別捜査本部等）、法医学教室、地検など、いろいろな場所に臨場しなければならないし、新たな事件が発生すれば現場へ急行する。したがって、車両と運転担当がついていた。

考えてみると、捜査一課の管理官で車両があてがわれていないのは、私だけだった。管理官が1人で、私費で電車を使っての臨場だから、署の刑事課長以下はあっけにとられていた。

「あのぉ、管理官お1人ですか」

「在庁番の部隊がいないから、しばらく1人だよ。よろしく頼むね」

本件は、捜査一課に「特異家出人」として報告が上がっていた。三田署への第一報は、平成14年1月18日午後1時半頃。「同居している20代の娘と、16日から連絡が取れない」という母親からの届け出だった。携帯電話は留守電状態。16〜18日まで、連日約500万円の預金が引き出されている。「何か事件に巻き込まれたのではないか」との訴えだった。

私が下命を受けたのは、同日夕刻だ。この日は金曜で、三田署に着いたとき、口座はすでに凍結されていた。基礎捜査を進めながら手分けして情報を集め、思いつくままに分析を行なった。

翌19日、状況を整理し、画像をはじめ各種証拠品や解析資料の収集・手配を指示しているところに報告が入る。

「被害者が解放されました」

クラブのホステスをしている被害者の女性は16日午前2時頃、自家用車で帰宅して降車しようとしたところ、男に突然襲われた。ガムテープで顔を覆われ、後ろ手に手錠をされて、ワゴン車に監禁されたとのことだった。キャッシュカードの暗証番号は、16日のうちにしゃべらされていた。

ATMによる現金の引き落としは、3日の間に都内・千葉・埼玉で約15回、計約17

00万円に上った。犯人は19日も引き落としを試みたが、口座凍結処置がされていたためエラーとなって、果たせなかった。被害者は19日の午前11時半頃、都内の公園で解放される。監禁中、何回か睡眠薬を飲まされ、解放時もフラフラの状態だった。尿鑑定からは、睡眠導入剤のトリアゾラムが検出された。

情報分析で何をどのように解析すればよいか、20日までに組み立てたが、解析ツールと人手が足りない。21日に急遽、捜査第一課の部下である諸橋薫主任を三田署へ呼び寄せた。23日、Nという容疑者にたどり着く。

週末の25日、強行班第5係の小林敦警部以下6名が合流した。やはり捜査一課の刑事は違う。情報分析結果とレンタカーの捜査から犯行車両を割り出し、被疑者の所在を把握し、犯行の裏付けをあっという間に取っていった。

3月5日、営利略取・監禁致傷・強盗等の容疑で、Nを通常逮捕。取調べと捜索で余罪が多数判明し、4月8日付けで刑事部長指揮捜査本部へ格上げになった。余罪のほとんどが、わいせつ目的略取や準強制わいせつで、被害者は把握できただけで20名以上に上った。Nは犯行の様子を写真に撮って保管していたから、ルーシーさんの事件を思い出させた。

それ以外に強盗も行なっていた。捜索差押・検証・身体検査・鑑定等の令状請求は65回を数え、DNA鑑定やビデオ鑑定等の嘱託は56件に達した。捜査本部は15年6月まで続き、トータルで7件7回の逮捕・起訴となった。

捜査現場に役立つ機材を

この事件捜査と並行して、捜査支援の資機材開発にも取り掛かった。当時、刑事部長には、「カレー毒物混入事件」のときに和歌山県警本部長だった米田さんが警察庁会計課長を経て栄転していた。米田部長に、目指す組織作りと資機材の開発について説明すると、好きなように進めるようにと言われ、大変心強かった。

亀有警察署刑事課で目の当たりにした現場のニーズから、必要な資機材をピックアップして考えた。そして具体化した1つ目のシステムが、「ＤＢ－Ｍａｐ（Database - Map System）」だ。詳細な住宅地図、データベース、各種解析機能を搭載し、初動捜査から事件の分析を支援する機能を備えている。管内の防犯カメラの位置を示す地図さえなくて驚いたことが頭にあったから、必要と思われる機能を考え付くだけ搭載した。新たに発生した事件内容を、データベースとして追加で登録することも可能だ。

コピー機の前で縮尺に苦労していた若い刑事の姿を思い出し、画面上の範囲を指定すればワンクリックで拡大・縮小が可能で、即座に印刷できるようにした。貼り合わせて掲示するために、のりしろも付けた。

解析機能は、パソコンを使い慣れた者にしかできなかった複雑な手順を初心者でも簡単にでき、情報の共有も図れるようにした。さらに高度で専門的な解析が行なえる機能も追加した。DB・Mapに搭載された地図情報・各種カテゴリーの基本情報と、分割印刷、経路や目標物検索などの初動捜査ツールを活用することで、捜査の迅速化が期待された。

2つ目は、捜査支援用画像解析システム「DAIS（Digital Assisted Investigation System）」だ。

亀有署の刑事たちは、押収してきた防犯ビデオをブラウン管のモニターに再生し、必要な場面が映ると一時停止して、その前にカメラを構えて画面を撮影していた。そのフィルムを暗室で紙焼きに引き延ばすから、画質は非常に粗い。「これが我々の画像解析ですよ」と真剣に言っていた。

警視庁本部の鑑識課や科捜研に画像の検査や鑑定を依頼できるのに、100件のうち1件も持って行かないという。理由を訊くと、亀有から桜田門まで往復3時間もかかるのに加え、結果が出るまで時間がかかる。しかも、こちらから問い合わせるまで、本部は連絡をくれないという。

「俺が本部に戻ったら、署で自由に画像解析できる資機材を開発して配ってやるから、待ってろ」

と、彼らに約束していたのだ。防犯ビデオ等の画像情報を迅速・的確に解析することは、特に初動捜査において欠かせない。簡便かつ短時間で処理できる高性能な画像解析システムを作り、各署に配布する必要があった。

操作は簡単で、画面の指示に従って作業するだけでいい。回収した防犯カメラの映像を取り込むとデジタル化され、毎秒30枚の静止画がたくさん並んだ状態になる。手動でも自動でも動画を再生でき、その中の欲しいカットを指定してボタンを押すだけで切り取れる。ノイズを除去して鮮明化もできる。あとは印刷ボタンを押せば、すべて終了だ。

解析の結果を報告書にまとめる作業が煩雑だったが、これも画像を取り込みながら、気が付けば出来上がっているようにした。どの場面でどのような解析を行なったか自動的に記載されるので、内容に関する証人出廷が発生した場合にも対応できる。

こうして、２つの資機材「ＤＢ‐Ｍａｐ」と「ＤＡＩＳ」が完成した。

そして平成14年9月、「情報・技術・科学を用いた捜査支援について」と題する、捜査支援業務に関する分厚い意見書をまとめた。

殺人などの大きな事件が発生すると、所轄に本部の捜査一課から部隊が入って、特別捜査本部ができる。警察内部では、帳場と呼んでいる。その事件に科学的に捜査する項目があった場合、学術的な解析を行なったり、大学の研究者や医者などの専門家から話を聞くことになる。ところが、得られた情報や新たな技術はその帳場だけで保有され、事件が解決したら終わりだ。科学の分野に長けた人間が個人の財産として保持するだけで、組織として共有したり蓄積する仕組みがなかった。

別の署で類似した事件が発生すれば、一から手探りか、経験のある捜査員に個人的に聞くしかない。そういう現実を誰もがわかっていた。しかし「現状はこうだ」と指摘するだけでは、文句を言うことと違わない。

ではどうしたらいいのかを整理し、必要な資機材のプロトタイプを開発するために、業者と話し合いを進めた。さらに、警視庁の中にどういう業務や係が新たに必要になるか、何人の人員が必要かという部分まで、作り込んでまとめたのが、この報告書だ。構想から1年が経っていた。

米田さんが刑事部長だったことは、本当に幸いだった。意見書を手渡して説明すると、

「これは面白い。重要だからすぐやろう」

と言ってくれた。次の週には刑事総務課から問い合わせがあり、担当者にプレゼンした。それを皮切りに、実務で関連する捜査三課、鑑識課や科捜研、ヒト・モノ・カネで関係する人事、企画、施設、装備、会計、用度など、あらゆる部署へ説明に奔走した。

警視庁で新しい係をひとつ作るだけでも大変だ。内部で根回しを重ね、いろいろな部署を説得し、警視庁の組織として合意ができてから、さらに東京都に説明して予算を取らなければならないからだ。実際に業務をスタートするには人を集めなければいけない

から、ほかの部署の人員を剝がしてこなければならない。普通は5年かかると言われたのも、もっともだった。

性犯罪事件を解決

「服藤が、捜査一課から独立した組織を作ろうとしている」という噂は、あっという間に広がった。理解を示し応援してくれる人もいたが、反対する者も当然現れる。

しばらくして、ある管理官から、

「服藤さん。あんたに頼むと何でも解決してしまうんだって？　そしたら、これやってみてくれないかな」

皮肉交じりで渡されたのは、性犯罪の概要だった。

5年ほど前から杉並区と世田谷区で連続発生していた性犯罪で、捜査本部が設置されてしばらくすると犯行が途絶え、本部が一時閉鎖される。犯罪の再発生と共に、本部が再開される。それが5回も繰り返されていた。

内容を精査し、間違いなく同一犯と思われる犯行をピックアップした。プロファイリングの事件リンク分析である。開発したばかりのＤＢ‐Ｍａｐを活用して解析を行なうと、事件が発生する日の現場近くに必ず現れる車があった。そこから、埼玉県在住の男が浮上する。

捜査本部はこの情報に基づいて捜査し、犯人を検挙した。わずか1週間しかかからなかった。私も驚いたが、捜査本部も驚いた。

しばらくして、別の管内で発生していた同種事件の依頼を受ける。こちらも数年にわたって、捜査本部が開設されたり閉鎖されたりしていた。しかし解析を進めてすぐ、葬儀屋に勤める容疑者に行き着いた。

この2件で一気に、新たなシステムは捜査員たちの信頼を得た。この後、各本部からさまざまな解析依頼が舞い込むようになる。

平成8年に科学捜査官に転任した直後から、東海大学の情報技術センターへ画像解析を依頼することがよくあった。技術力が高く、科捜研などで鑑定不能の案件も持ち込んで、結果を出してもらっていた。東海大学は人工衛星データの受信施設である宇宙情報センターも所有していて、坂田俊文教授が両方の所長を兼任されていた。

「これからは科学捜査の時代だ。宇宙からの科学捜査をやろう」

と、坂田教授はいろいろなことを親しく教えてくれた。大学を退官された後もお付き合いは続いた。平成14年春にお目にかかったときは、宇宙開発事業団（現・宇宙航空研究開発機構＝ＪＡＸＡ）の技術参与と、地球科学技術総合推進機構の理事長に就かれていた。

ご自身のこれまでの活動や研究から、米田刑事部長に参考になるプレゼンをしたいと言われ、1時間ほどの面会をセットした。その席で、坂田先生は突然、

「今度、内閣府からの委託で調査研究委員会を実施するので、ぜひとも服藤さんを委員にしたい。ご許可願いたい」

と申し出られた。何も聞いていなかった私は、面食らった。

米田刑事部長の了解が得られたので、宇宙開発事業団と東海大学が主催した「宇宙システムによる社会安全のための調査研究委員会」の委員として、平成17年まで活動した。坂田先生を委員長として、委員は各省庁・独立行政法人・民間研究所・大学教授や自衛隊OBなど、20名以上の錚々たるメンバーで構成されていた。日本が所有する宇宙インフラを、社会安全のためにどのように活用できるかがテーマだった。

坂田先生は、私を委員に選んだ理由をこう話してくれた。

「警察には、有事のときのホットラインが必要だ。でもたいてい、現場を知らない人が担当になってしまう。服藤さんは現場も科学もわかっている。だから声をかけたんだよ。有事のときは、衛星からの科学捜査を好きなようにやってもらうからね」

通信や放送への活用目的である「成層圏プラットフォーム」の一環で、飛行船を成層圏に6機打ち上げ、カメラを積んで気象や防災等のために日本列島を常時撮影する。たとえば山中から遺棄された死体が見つかったら、令状を請求して録画の中からその場所

へ行った車を見つけ出し、帰り道をたどって犯人の家を割り出す。防犯カメラの映像やGPSを超えた宇宙からの科学捜査が、いずれ可能になるかもしれない。

東京駅コンビニ店長刺殺事件

平成14年7月21日午前6時50分頃、JR東京駅構内のコンビニ店で万引きが発生し、犯人が逃走した。店長の桶田順彦さんは犯人を追跡し、約80m先で追いついてもみ合いとなる。犯人は、持っていたナイフで桶田さんの腹部を刺し、再び逃げ出す。桶田さんはなおも犯人を追いかけたが、途中で力尽き、帰らぬ人となってしまった。

この事件で、担当の管理官から依頼があった。店内に設置された防犯ビデオの画像から犯人の映っている場面を切り抜き、周りに映っている人はわからないように背景を加工して欲しいというのである。すぐに公開手配するためだという。「夕方のニュースに間に合うように公開するので、急いで欲しい」と言われた。

捜査一課の中では、初動捜査が始まったばかりの映像公開に反対論が渦巻いたらしい。

容疑者の写真公開は、捜査が行き詰まった時点でなされる場合が多かった。しかし、その頃には目撃者の記憶や一般市民の事件に対する関心が薄れていて、効果は限られてしまう。私は画像解析の業務を始めた頃から、早い時点での公開捜査に賛成だった。

このときは、防犯ビデオから写真を切り出し、鮮明になるよう加工してみて驚いた。

犯人の顔を確認できるカットが、何枚も出てきたのだ。ぜひ公開すべきだと思った。犯人を知っている者なら、確実にわかるはずだ。

2日後、犯人が自首してくる。決め手は、公開写真を見た親族が「間違いない」と気付き、本人に連絡して説得したことだった。

迅速な公開捜査は、米田刑事部長の発案だった。

「公開は、その内容と状況と何よりも時期が大切だ。本件は、いまだと思った」

と話してくれた。

一課の刑事たちが早期公開に反対したのは、「犯人を捕まえるのは俺たちの仕事なのに、最初から国民に声をかけて『探してください』というのでは、立場がない。せめて、もう少しやらせてくれ」という気持ちからだ。そんな気概をもつ刑事がたくさんいた。

しかし即座に公開しなければ、2日で自首してくることはなかっただろう。この案件の頃から、私の中に新しい考え方が芽生えていた。もはや、警察だけが秘匿しながら捜査をして、犯罪者を捕まえる時代ではない。情報を公開して国民と共有し、一緒に悪人を捕まえていく時代が来ている、という思いだった。

およそ4カ月後の11月9日。JR日暮里駅ホームで山手線の内回り電車から降りようとした男性が、乗り込んできた男と肩がぶつかり、顔を殴られて転倒。頭を強打して、意識不明になってしまう。男はそのまま電車で逃げ、行方が摑めなかった。

事件が公共の場で起きたことに加え悪質だったため、警視庁捜査一課は、傷害事件としては異例の25名体制で臨んだ。似顔絵を作成したり目撃者探しに重点を置いたが、有力な手掛かりは得られなかった。

私自身はこの事件に関わっていなかったが、連日「捜査支援構想」の報告に刑事部長室を訪れていたとき、米田さんから、

「服藤さん。いま新しい試みをしてるんですよ。日暮里の案件で、ビデオ解析捜査から犯人の後を追いかけているんです」

という話が出た。

「容疑者の映像を繫いで、場所を特定するんですか」

「そう。どの駅で降りたか、足取りをたどれたら凄いでしょう」

「理論的には可能ですが、すごい作業量ですね」

映像に映った容疑者を追いかける作業は、山手線から常磐線への乗り換えを経て、茨城県を走る関東鉄道常総線に至り、下車駅を特定した。その駅で張り込みを行ない、翌年2月26日に容疑者を逮捕。「リレー方式」と呼ばれている点と点を線で結ぶ防犯カメラ捜査の、日本警察における原点である。当時は専門部隊がなく、捜査一課や機動捜査隊などの寄せ集め人員で行なわれ、科学捜査官室も画像解析で参画した。その後、捜査

支援業務の一環として定着していき、現在は捜査支援分析センターに専門部隊がある。

米田刑事部長のところへは、その後も継続的に顔を出した。月に1、2回は、部長の方から突然、科学捜査官室に私を訪ねてきてくれた。室員は驚いていたが、無理もない。刑事部長が自室を出て、主管課に顔を出すことは異例だ。まして私の部屋は、本部庁舎の部長室とは建物が離れていて、訪れるのに時間もかかった。

FBIとロンドン警視庁の捜査支援体制

平成14年の末には資機材の開発も進み、捜査支援組織の青写真が出来上がり始めていた。頭に浮かんだのが、海外の警察の現状を見ておきたいということだった。イギリス、アメリカ、カナダはすでにデータベースや解析システムを持っていて、情報から犯人像を絞り込むプロファイリングも実用化していると耳に入っていた。部長に相談したところ、「ぜひ行きなさい」と言われた。

まずは予算だ。警視庁では、捜査や研修以外で国外へ出張するのを見たことがなかった。学会出席や情報収集では海外に行く理由にならないと、以前から会計担当者に言われていた。

警察庁に話をもちかけるしかない、と腹をくった。頭に浮かんだのが、刑事局刑事企画課企画官の桑原振一郎さんだった。有働さんから紹介されて以来のお付き合いだ。

海外出張の目的を説明すると、すぐに目の前の受話器を取り、会計担当者に電話してくれた。そして、

「予算は確保するから、具体的な日程と、何人でどこに行くのかを提出するように」

と言われた。日本の警察にとって、とても重要なことだからと応援してくれたのである。

科警研の渡邉和美さんに連絡を取った。海外のプロファイリングを中心とした情報分析の実情に明るく、英語も堪能だ。この人しかいないと思って同行を相談したところ、訪問先の折衝まで、すべてを企画してくれた。

さらに、情報分析に長けていた諸橋主任を選定し、3人で行くことにした。計画は順調に進み、出発日は3月11日。期間は19日間と決定した。

その直前の2月24日付で、有働さんが捜査一課長として戻ってきた。捜査一課の理事官から駒込警察署長、第一機動捜査隊長を経ての帰庁だった。

前の年の暮れに、OBの寺尾さんから電話がかかってきて、

「昼飯でも一緒に食いませんか」

と誘われた。大手町の天ぷら屋で、

「今度、有働が一課に戻るから、よろしく頼む」

と頭を下げられ、びっくりして恐縮してしまった。

この頃、警視総監には、オウム事件当時に直接特命を受けながら昼夜を分かたず時間を共にした石川刑事部長が、警察庁長官官房長を経て就任していた。刑事総務課長は、やはりオウム事件のとき特別派遣された刑事部対策室におられた植山管理官だった。石川警視総監、米田刑事部長、植山刑事総務課長、有働捜査一課長の布陣である。新しい組織を作ろうとする私にとって、実に心強かった。

まず訪れたのはアメリカだ。イラク戦争の直前だったため、公用の緑色パスポートでも入国審査は厳しかった。最初に、バージニア州クアンティコのＦＢＩアカデミーへ向かった。

ＦＢＩの本部と、研修・研究機関であるアカデミーは、犯罪情報を分析する部門を設置し、捜査支援の体制をすでに構築していた。１９７０年代から80年代のアメリカでは、広域犯罪や連続犯罪の情報共有が困難だったため、未解決の凶悪事件捜査と警察組織の相互協力・連携の促進を目的に、各種捜査を支援する組織を作った経緯がある。

アカデミー内には、重大事件に対応する危機的事件対応グループ（Critical Incident Response Group）があり、その中に凶悪犯罪の分析を担当する凶悪犯罪分析センター（National Center for the Analysis of Violent Crime）があった。さらに、殺人、強姦、幼児誘拐、変死といった各種犯罪において犯人像の推定などを行なう行動科学課課(Behavioral Science Unit)、凶悪犯罪データベース(ViCAP)を活用する凶悪犯罪者逮捕課(Violent Criminal Apprehension Program)などの部門に分かれていた。

印象に残ったのは、プロファイラーになるための規定だ。FBIでプロファイラーになるには、優秀な人材であることが最低条件。捜査指揮官として8年以上の実務経験が必須で、選抜された後に大学などで心理学を習得する。ようやくプロファイラーになれるのは、早くても40代前半と聞かされて驚いた。

ワシントンD.C.のFBI本部には、殺人、強姦、放火、爆弾、テロ等の各種犯罪に対応する行動分析課(Behavioral Analysis Unit)がある。ここでは、国内各地にテロリズム班や凶悪犯罪班、コンピュータ犯罪班を組織し、連携して犯罪の危険度判定などを行なっていた。組織犯罪は組織犯罪対策課(Organized Crime Section)が担当し、ヨーロッパ、アジア、ロシアといった地域別に、特に薬物取引や人身売買、脅迫に関する情報を収集分析していた。重大事件やテロ等の危機的事態の情報を収集分析する、戦略的情報分析センター(Strategic Information Operations Center)も設置されていた。

このように、FBIでは各種犯罪捜査や危機的事案に対応した部門が組織として存在し、有機的に相互に連携しながら活動している。ただしデータベースは、量的にも質的にも過去の犯罪の全体像を把握していなかった。集められるデータがFBIの対象事件に限られており、警察機関から全ての情報を得られるわけではないためだった。

次いでイギリスへ。まず向かったのはリバプールだ。ホテルに着くと、ざわついた雰囲気がする。部屋に入ってテレビをつけ、ブッシュ大統領の演説でイラク戦争が始まったことを知った。翌日から地上戦に突入するという。

リバプール大学のデヴィッド・カンター教授を訪ねた。教授は有名な心理学者で、心理学をベースに統計学などを用い、「リバプール方式」と呼ばれる連続事件のプロファイリング方法を確立させた。多くの教え子が、各国でプロファイリングの実務を担っている。大学には教授の運営する捜査心理学センターが設置され、警察の依頼による捜査へのアプローチも行なわれていた。

警視庁で始める「捜査支援」について、貴重なアドバイスをいただいた。DB‐Mapのプロトタイプをお見せし、地図上のカテゴリー検索や作図機能を説明すると、教授の表情が一変した。何枚かのコピーを求められ、使い方についていろいろと質問された。そして、「DB‐Mapには心理学の理論が応用されており、うまく機能すると思う」とコメントされた。

カンター教授の話を聞いて、感じたことは多かった。犯罪の情報や犯罪者の行動を分析できる科学的知識をもった捜査官を、必ず育てること。各種データベースの構築にあたっては、行動科学や心理学の背景も含んだ科学者を入れること。情報は多ければよいというものではなく、質が大切。多すぎると、科学ではなくなること。原理原則はいろいろあるが、必要なものを取り出し、日本に合った方法を考えること。というものだった。

最後に、「ドクター服藤。センスは天命だよ」と告げられた。

イギリスの捜査支援部門は、現在は国家犯罪対策庁（National Crime Agency）という組織に統合されているが、当時は国立警察活動支援部（National Crime & Operations Faculty）と、ロンドン本部と6支部からなる国立犯罪情報分析部（National Criminal Intelligence Service）があり、それぞれの中に地域の情勢に合わせた犯罪情報分析部門が併設されていた。

警察活動支援部は、捜査支援課、凶悪犯罪分析課、情報提供課など6部門から成り、地理的分析官、心理分析官、犯罪分析官といった専門分野の複数のアナリストが、重大犯罪の分析や、それらの捜査を担当する上級捜査官の支援を行なっていた。分析官は個別のブースとＧＩＳ（地理情報システム）の入ったパソコンをあてがわれ、独任官として分析作業を担当していた。

犯罪情報分析部は、凶悪な組織犯罪対策のための情報分析を目的とした機関で、総合的な捜査支援体制を築いていた。主任分析官十数名、分析官約１００名が常駐し、その他のスタッフを含めると1000名を超える組織だ。薬物犯罪、マネーロンダリング、小児性愛やフーリガン対策、諜報活動、ハイテク犯罪等の情報分析に当たっていた。

ロンドン警視庁は、情報分析による捜査支援を行なうSO11課（Specialist Operations 11：Criminal Intelligence Branch）を設置し、性的犯罪や殺人事件の情報分析のほか、独自の捜査支援体制を確立していた。

ここで感銘を受けたのは、事件捜査用のデータベースだ。事件が発生すると、タイトルのついたファイルが立ち上がり、概要や被害届などが載る。そこへ、捜査報告が2報3報と追加されていく。驚くべきは、刑事や分析官など誰でもアクセス可能で、全て読むことができる点だ。途中からアクセスしても全書類が読めるので、最新情報が共有できる。さらにそれぞれの担当官が、報告書や分析書などの情報を独自に載せていく。この仕組みには驚かされた。情報共有のスピードが全く違うからだ。セキュリティ対策も万全だった。

アメリカとイギリスで21の組織と30人以上の専門家に接し、両国とも捜査部門と支援部門が効率的に連携されていることを感じた。アメリカではFBIが中心となって犯罪データベースや行動科学部門を運用し、捜査支援体制を整えていた。イギリスでは、デジタル・フォレンジックを含め、より細分化された捜査支援体制が確立していた。

さらにイギリスでは、事件捜査で失敗が起こると、原因究明や改善のためのプロジェクトチームが発足する。そうやって捜査や支援の検討と改善、組織改革を重ねてきた経緯があると説明された。

日本でも一部の係や捜査班では、反省検討や次回捜査への改善点が検討される。しかし、失敗や不備をなるべく組織に上げたくない風潮のほうが強かった。イギリスのような、悪い結果でも反映させる仕組みはない。失敗点や問題点に限らず、その捜査で得られた新しい情報や手法についても、全ての捜査員が速やかに共有できる制度作りが望まれた。

米英とは大きな開きがあったが、そのまま取り入れるのではなく、昭和から受け継がれてきた価値あるデータや手法も融合させ、日本に合ったやり方を構築していこうと考えた。日本の犯罪者や犯罪手法には、日本独自のものもあるからだ。

これからの捜査支援は、担当部署の刑事のノウハウを反映・融合させながら、日本独自の方法を新たに開発しなければならない。そうでなければ現場に受け入れられず、成果も出ないと感じた。

帰国して、石川警視総監と警察庁に、それぞれ報告した。

新任の有働一課長に、犯罪捜査支援室の構想をじっくり話すときが来た。内容を説明

すると「凄い、凄い」と頷き、「これはいい」を連発した。全て聞き終えた後の第一声は、

「ハラさん。これは捜査一課だろ」

だった。刑事部だけでなく警視庁全体、いずれは全国の警察を支援することにも賛同してくれたが、私が一課から刑事総務課へ移ることが気になったらしい。

「捜査一課に籍を置いて、全国を助ければいい。オレが戻ってきたのに、ハラさんは出ていくのか」

と寂しそうだった。

「捜査一課長は、寺尾さんや有働さんみたいな人ばかりじゃないですよ。理解してくれる人がいる間はうまくいくかもしれませんが、そんなときばかりじゃありません。私は、日本警察のため、現場の刑事のために、これをやりたいんです。それが私の責任なんです」

有働一課長はしばらく黙って考えていたが、

「ハラさん。刑総（刑事総務課）へ行け。行って頑張って成功させろ」

と認めてくれた。その上、人員や車両を含めた資機材から部屋まで与えてくれた。そして私は、最終的な構想に取り掛かった。

警視庁犯罪捜査支援室

インターネットの普及やＩＴの進歩は「犯罪インフラ」の進化をもたらし、ひとつの帳場や個人の能力だけでは捜査が成り立たなくなっていた。科学と捜査の融合という難題に直面していたのである。しかし現場には、捜査はわかるが科学を理解できない者が多く、私が目指し、進めてきた「真の科学捜査」は、実現できていなかった。

一方、犯人検挙のために各帳場や本部主管課で脈々と行なわれてきた犯罪情報の分析も、さらに発展させなければならない。私が捜査支援を立ち上げようとしていることを聞きつけ、「ドーナッツの穴理論」や「扇の要理論」を熱心に説明してくれる捜査員もいた。連続する空き巣などの犯行現場を地図上に記していくと、円状になった中の空白や扇形に広がった要の部分に、犯人の自宅や拠点があるという経験則だ。

「真の科学捜査」と、こうした「犯罪情報分析」を融合させ、情報の収集・解析・活用を行なう前例のない専門部隊、「捜査支援」を結成するのだ。業務を詳細に検討し、最終的に４つの柱に絞り込んだ。

①情報による捜査支援

情報の収集と活用を捜査に反映させるため、諸外国にはすでに整備されているＧＩＳ、捜査情報データベースをさらに高度化し、各種解析機能を搭載した捜査支援用システムを開発する。それらを活用し、直接的に捜査を支援する。情報は、黙っていて手に入るものでも、誰かが与えてくれるものでもない。目的をもって入手し、共有する考え方が不可欠だ。

②技術による捜査支援

画像や通信に関する科学技術を活用した解析で捜査を支援する。そのために必要な、各種資機材の開発も行なう。デジタル・フォレンジックについても、必要性はさらに増すと考えられた。

③科学による捜査支援

医学、理学、工学などの理論を中心とした科学を用いて、現場の疑問に答える。府県警察からの依頼によって展開してきた科学捜査もこの分野に含め、意見書を作成したり、公判対応も含めて捜査を支援する。

④犯罪情報の総合的分析による捜査支援

地理的な犯罪情報分析やプロファイリングにより、犯人の居住地域や拠点、次回の犯行が発生しそうな場所の推定などを行なう。通信機器や口座など、人にかかわる犯行道具から、犯人に到達するための各種解析を実施する。

右の4項目の実現に向け、情報支援、技術支援、科学的捜査支援、犯罪情報分析の4部門の組織を構築することが必要だ。スタッフは捜査現場と密接に連携を取りながら、科学的・地理的・統計的・行動科学的な犯罪情報分析を実践し、科学的根拠に基づく捜査支援を担当する。

4月に入り、警視庁刑事部はこの原案を元に、組織として検討に入った。人事企画や関連する部署との折衝・説明は幾度となく行なわれ、そのたびに資料や解説を用意して臨んだ。

そして、新たな専門部隊を配置することが必要であるとの結論に達した。折しも、刑法犯の認知件数が年ごとに戦後最悪を更新。治安再生に向けた取り組みが、国を挙げて動き始めたときだった。

平成15年10月1日、「警視庁犯罪捜査支援室」が6係30名体制で発足。私は室長を拝命した。刑事部刑事総務課の附置機関だが、名称に「刑事部」はついていない。組織犯罪対策部、生活安全部、交通部、公安部など、警視庁のすべての捜査部門を支援していくという決意から、あえてお願いした名称が採用されたのである。

第７章

警察庁出向から副署長へ

大阪幼児死体遺棄・殺人事件

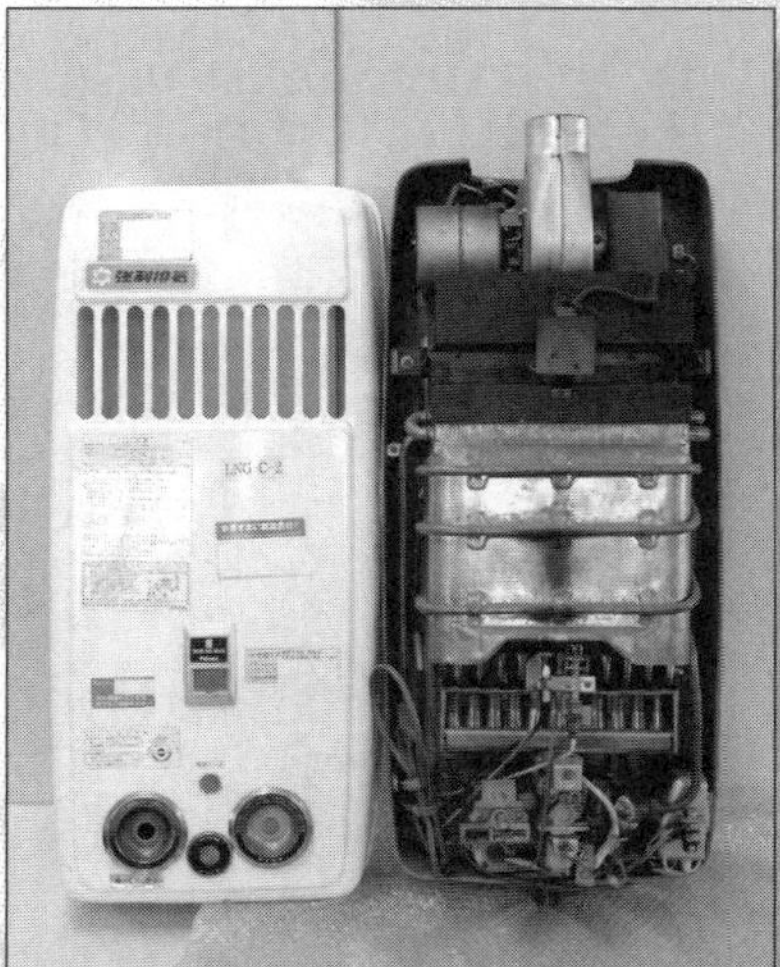

事故があったものと同型のガス湯沸器

（産経新聞社）

続々と〝新兵器〟を開発

平成15年10月1日は、嵐のような日だった。「警視庁犯罪捜査支援室長」の辞令交付があり、午後2時半から警視庁本部17階の大会議室で、石川警視総監以下、各部長・関係所属長臨席の下、室の発足式が行なわれた。捜査一課から5人、二課と刑事総務課、さらに人事二課からという具合に人選した人員を集め、30人の体制だった。私は「決意表明」を読み上げ、植山刑事総務課長の記者会見にも陪席した。

その後、ホテルグランドアーク半蔵門へ移動し、警察庁主催の「全国捜査関係課長等会議」の席上で、捜査支援についてプレゼン。夜は、支援室の発足記念懇親会が待っていた。

平成16年10月の全国警察本部長会議で「捜査力確保のための方策」が協議され、警視庁刑事部長が「犯罪捜査支援室と捜査支援システム、それらに関する各種手法」について発表した。翌年の同じ会議でも、「捜査の合理化・効率化」の協議に関して犯罪捜査支援室の業務とその成果が発表され、捜査支援は犯罪捜査に不可欠な部門と位置付けられていった。

一方で先輩の管理官から、

「服藤君。君がやろうとしてるデータベースの統合な、別に新しいことじゃないよ。昔から言われてて、俺たちも何回もチャレンジしてきたことだ。でもうまくいかないんだよ。だから君がやったからって、うまくいきっこないよ」

と言われた。各署の刑事課を巡回指導する刑事指導官からは、

「なんで俺たちが、急にできた支援室の業務を説明して回らなくちゃいけないんだ」

という声も聞こえた。それでも、支援室の部下たちと、「結果が出れば、現場は必ず付いてきてくれる」という思いを共有して歩み続けた。そして、結果はまもなく出始めた。犯人の特定や検挙が、そこここで相次いだのだ。それに伴い、忙しさも増していった。

ある日、先輩の刑事指導官から廊下で声をかけられた。

「あんたがやり始めた捜査支援な、評判いいよ。行く先々で、刑事がその話するんだわ」

このような反応が出始めると、後を絶たなくなった。

各署に配備した資機材の消耗品は、好きなときに好きなだけ取りに来てもらうようにした。プリンターのインクや記憶媒体などの細かい消耗品が入手しにくい仕組みになっていたから、前例のない予算を組んだのだ。捜査員たちは、

「消耗品をいつでも必要なだけくれるなんて、信じられないです」

と言いながら、明るく部屋に入ってきた。現場の刑事たちが新しい考え方を受け入れ、その必要性を理解してくれたことが嬉しかった。

支援室の設立後も、資機材の改善や開発は続けた。現場には、

「使ってみて、ここはダメだとか、こうしたほうがいいと思うことがあったら、遠慮せず支援室に言って欲しい」

と言い続けた。

犯罪捜査支援室が発足して半年で、DB-Mapは43項目の改善を行なった。最終的に2年半で240項目以上の改善を、現場から意見が上がって3カ月以内に終えた。DB-Mapを活用し、署独自で犯人検挙に至る事案も散見され始めた。全警察署、刑事部、組織犯罪対策部、生活安全部へと配備を広げていき、イントラのネットワーク化を行なった。

DAISは当初から力を発揮した。捜査員が好きなときに自身で画像を解析できる簡便さが、評判を呼んだ。全署配備ののち、刑事部から組織犯罪対策部、生活安全部へ配備を進めた。

捜査支援に深いご理解とご支援をいただいた米田刑事部長は、支援室の設立前に京都府警察本部長に栄転された。後任の縄田修刑事部長も、常に我々を支援してくださった。

平成16年1月には警視総監が交代し、後任は奥村総監だった。私が平成12年に管理職試験に合格した際、亀有署に配置してくれた副総監である。早速、亀有での経験から犯罪捜査支援室の立ち上げに至る経緯、その業務や資機材について報告に上がった。

平成16年度には、顔認証システムを開発する。

当時の顔画像照合ソフトはアメリカ製が中心だったが、国内の会社も開発を始めていた。各社のプレゼンを見ると、どの製品も素晴らしい完成度で、照合結果も確実についてくる。しかし現場で使うと、その通りにいかない。プレゼンは、失敗しないように作成されたデータが用意されているからだ。

そこでコンペを企画したところ、7社が集まってくれた。検索したい顔の静止画と顔認証対照用基礎データは、こちらが用意したものを使った。こうすれば、同一条件で能力比較ができる。

結果は散々だった。設定したハードルを越える製品は、ひとつもなかった。しかし内容を精査すると、顔の認識に良い成績を残した装置、顔の切り出しに良い成績を残した装置、照合に能力を発揮した装置が、それぞれ違っている。各社のソフトは用いられる理論が異なり、性能に特徴があるためだ。

「これ、得意な部分だけ連結できないかなぁ。そうしたら、現時点で最強のマシンができると思うんだけど」

と部下に話した。各社に趣旨を説明すると、協議した結果、全社が賛同してくれた。できあがった顔認証システムは、「ＦＩＶｅ（Face Image Verification）」と命名した。協力してくれた4社と警視庁との5者で開発した、最強の顔認証システムという意味を込めて「ファイブ」としたのだ。

このFIVeシステムを、コンペのときと同様の試験にかけたところ、小さな顔画像、顔画像の角度の変化、経年変化、光の変化、サングラスやマスクをかけた状態など、すべての項目で上回る結果が出た。

部内の所属長会議でお披露目すると、よく知っている捜査三課の刑事がやって来た。

「これ、やってみてくれませんか」

渡されたのは古い証明写真のようなもので、30歳前後と思われる男性が写っている。FIVeシステムで照合すると、トップに出てきたのは50歳代の窃盗歴のある男性だった。渡された写真の男性に似てはいるが、年齢が違いすぎる。しかし二番手以降は、一見して違う人物と判別できた。

写真を持ち込んだ刑事に、結果を見てもらうと、

「えっ。これ引いてきましたか。しかも一番じゃないですか」

意味がわからなかった。

「実はね、支援室がすごいの作ったっていうから、ちょっと試してやろうと思って来たんですよ。渡したのは、この男の若い頃の写真なんです。いままで、外国製や日本製のどの機械でも引いてこなかったのに、これは本物ですね」

周りに集まった者の顔が、ほぐれていくのが心地よかった。発想の勝利だと思った。

性能のいいとこどりなど通常は考えないし、実現できないのが普通だろう。協力してくれた各社の柔軟な対応に、頭が下がった。

次に取り掛かったのが、「よう撃捜査支援システム」である。「よう撃」とは、迎えうつこと。犯罪が起きそうな場所に、前もって警察官を配置しておく捜査方法の資機材による運用だ。

ひったくりが頻繁に発生し、バイクに引きずられた被害者が死亡する案件まで発生していた。亀有署時代の経験では、ひったくりの被害者はお年寄りの女性が多い。警察に届け出るのに時間がかかる場合が多く、犯人は逃げ去った後になってしまう。当時から、よう撃の捜査手法が有効だと考えていた。

つまりカメラだ。防犯カメラのように常時撮り続けるよりも効果的な方法はないか検討していたところ、某社の技術展示会で面白いものに出くわした。それは2眼の小さなレンズで、そのレンズを通して向こう側を見ると、遠近感が浮き出る。

「立体的に見えるでしょう。実用化したいんですけど、何かありませんかね」

その企業の担当者が言った。

「これ、2眼だから距離がわかるよね」

「ええ。前後の距離は出ます」

「距離が出るってことは、時間の変化を入れれば速度も出せるよね」

次第に、独り言になっていた。これが、よう撃捜査支援システム開発の始まりだった。

初期型は、前と後ろの二方向にカメラを付けた。前方のカメラは、向かってくる車両の速度を2眼で測定し、後方のカメラがシャッターを切るタイミングを瞬時に計算する。そして後方のカメラから、遠ざかる車両のナンバーを撮影する。後ろ側にしかついていないバイクのナンバーを、これで撮ることができる。

ひったくりが頻発する場所にこれを設置すると、検挙の報告が挙がり始めた。現在では、なくてはならないシステムに成長している。

大変苦労したのは、先輩たちが目指しては挫折し続けた、横串検索システムだ。各部各課に、事件捜査を主体とした情報が蓄積され、個々の検索システムとして稼働していた。これらをまとめて、ひとつのシステムで検索する仕組みだ。アクセス権限をもつ者を限定したり、用途の厳正化など厳しいルールを作って成文化し、関連所属長以上の決裁を得て「犯罪情報総合活用システム」として完成させた。

その他にも、たくさんの捜査支援用資機材や解析手法を開発し続けた。平成15年から本格的に始まった「犯罪抑止総合対策」においても、「犯罪情報等の集約・分析・共有化」「捜査活動の強化・支援」「犯罪に強い環境づくり」の各項目の中で、これらの捜査

各地の警察で講演を行なった（著者提供）

支援用資機材や解析手法が中心に据えられていった。

振り込め詐欺の急増

平成8年、警察庁捜査第一課の理事官から頼まれ、警察大学校の捜査指揮専科という専攻課程の講義を引き受けた。科学捜査官に転任して間もない頃で、オウム事件捜査の話を中心に経験を話して欲しいという依頼だった。捜査指揮専科には、将来の全国警察の捜査一課長候補が集まっていた。

平成10年には、警察大学校の大学院と呼ばれる特別捜査幹部研修所の岡田薫所長から、講義を頼まれた。ここは各県警の刑事部長候補が対象で、実際に多くの刑事部長を輩出している。

それ以外にも、警察大学校各種専科、各

管区警察局、各管区警察学校での講義に加え、府県警察本部での講演などが増えていった。全国で発生した重要特異事件への参画に伴い、講義や講演の内容も広く深くなった。平成15年以降に捜査支援の内容が加わると、半日喋りっぱなしになっても時間が足りず、伝えたいことの全ては話し切れなかった。

捜査支援に関する府県警でのプレゼンは、その年暮れの京都府警が皮切りだった。米田本部長の異動前に、京都を一番にすると約束していたからだ。刑事部を中心に100名以上の聴講者が、会場いっぱいに集まってくれた。

犯罪捜査支援室への見学も盛んになった。警視庁や警察庁、府県警察、検察庁などはもちろん、海外からもアメリカのジョン・ジェイ刑事司法大学犯罪抑止統制センター所長、ロサンゼルス市警副本部長、ドイツ国家警察犯罪学研究・行動分析課長、インドネシア国家警察、ジャカルタ警視庁など挙げるときりがなく、2年間で約180件、3500人以上に達した。

当時の手帳を開いてみると、空いている日がほとんどない。5つも6つも行事が立て込む日もあり、分単位で対応していた。部下の巡査部長に、

「服藤管理官はほとんど席にいませんね。1日に何回も顔は見ますが、すぐ出て行かれる。警視庁で一番忙しい管理官だと思います」

と言われた。

平成14年をピークに、刑法犯の認知件数は激減した。捜査支援が軌道に乗ると、発生事案の対応にも追われる日々となった。そうした中で、新たに気付くこともあった。

いろいろな部署からの依頼を受けて分析しているうち、同じ犯人を別々に追いかけている事例に遭遇し始めたのだ。それぞれの担当者は、そのことに気が付いていない。双方がもっている情報単独では犯人に行きつかないが、合わせて解析すると被疑者が浮かび上がる場合があった。そこで双方の担当者に事情を話し、協力してもらうことで解決に向かった事件が、いくつもあった。

青森県で発生した強盗殺人事件に関して、青森県警捜査一課の捜査員が訪ねてきた。各種情報の分析から犯人と思われるグループが浮上した頃、香川県警捜査一課からも同じような事件が持ち込まれた。分析を進めると、二つの事件が同一犯によって引き起こされている可能性が浮上する。

さらに驚いたのは、警視庁管内の複数の本部事件とも結び付いてきたことだ。速やかに両県に連絡すると、警視庁を含めた合同捜査本部が立ち上がり、捜査は進展して事件は解決に至る。この事件捜査は、警察庁長官賞を受賞した。捜査支援はかつてないスピードで結果をもたらすことが改めて認識され、今後の日本警察に必要不可欠だと確信された。

刑事部捜査一課が主管する強盗事案、捜査三課が主管する組織窃盗事案、組対部（組織犯罪対策部）が主管する外国人組織強窃盗事案などの解析も、多数に上った。刑事部と組対部が月に一度開いていた所属長による合同検討会に、犯罪捜査支援室も加わることになった。そこで、解析結果をまとめて犯罪組織の関係図などを作成したところ、「事件を担当している我々よりも、支援室のほうが情報を持っている」と言われ、困惑もした。

「新しい敵の形」にたどり着くことも多かった。平成14年頃から目立ち始めた「振り込め詐欺」は、当初「オレオレ詐欺」と呼ばれた。警視庁では平成15、16年で45カ所の捜査本部が立ち上がり、解析の結果、38の捜査本部の被疑者グループがひとつに繋がった。さらに解析を進めると、半グレグループを介して暴力団と繋がったり、NPOと繋がっている事案では上層幹部が全て暴力団関係者だったりした。

当時はまだ、被疑者が自分の携帯電話を使っていたため、分析が結果に直結した。しかし犯罪インフラは、すぐに形を変える。マイラインの導入と規制緩和で通信事業者が増え、事業者識別番号も多岐にわたるようになった。それに伴い、リセール番号も増加し、実態のわからない業者も現れた。その後、プリペイド式国際電話、飛ばし携帯やプリペイドSIMによる海外携帯電話のローミングも活用されるようになり、使用者の確認が難しくなった。

現在は、犯罪関係者が携帯電話の販売会社を運営するなどして、犯罪インフラを入手するルートを確保している。ＭＶＮＯ（格安ＳＩＭを提供する事業者）やＩＰ電話、総務省と協議しながら役務提供拒否などの施策を講じているが、犯罪インフラの形態は次々に変わり、イタチごっこが続いている。そろそろ根本的な対策、目的使用外禁止の施策などを打ち出すときだろう。

振り込め詐欺でいまも思い出すのは、平成15年に人見信男副総監と交わした会話だ。

「服藤さん。いろいろアイデア持ってるって聞いてますよ。『オレオレ詐欺』の発生を抑える対策、何か思いつきませんか」

突然の質問に戸惑ったが、かねてからの考えをそのまま口にした。

「テレビで『天気予報』をやってますね。あのように、各局から警察枠として5分ぐらい時間をいただけないかと思うんですが」

「それでどうするの？」

「我々が出演して、オレオレ詐欺の事件概要や手口を説明して、注意喚起をしたらどうかと思うんです」

副総監は私の顔をじっと見つめ、しばらくして、

「君は面白いことを言うね」

と言われた。

「たぶん、そんな枠はくれないと思うけどね」

と続けた。しかし時代は変わった。現在では番組内はもちろん、インターネットなどさまざまな場面で、振り込め詐欺に関する情報発信と注意喚起がなされている。それでも、被害は後を絶たない。


「コールバックシステムって知ってますか」

と部下から尋ねられたのは、平成16年のことだ。新宿警察署から相談のあった事件が、初めてのケースだった。

妻の携帯が鳴る。見ると「おとうちゃん」と表示されている。「夫からだ」と思って出てみると、いきなり泣きながら「俺、やってしまった……」。ここから「電車で痴漢をして捕まった。示談金が必要だ」といった、振り込め詐欺のお決まりのパターンにはまっていく。

だがなぜ、妻の携帯に「おとうちゃん」と表示されたのか。自分で登録したのだから、妻が信じてしまうのは無理もない。しかし夫の携帯は盗まれておらず、お金の振り込み後に妻が架電したところ、「何のこと?」と言われている。それまでの間、夫の携帯には通話が殺到し、妻からの通話がつながらないようになっていたことも、事件後に判明した。

解析していくと、アメリカに「コールバックシステム」というビジネスがあった。インターネットを介した通話で、事前に登録した電話番号が、相手方の端末に表示される。たとえば、会社員が自分の携帯から電話をかけても会社の代表番号が送信される仕組みで、商売として成り立っていたのだ。

アメリカのそのサービスに繋ぐことを業務としている会社が、大阪に1社だけあった。本件は、この会社を介していたのである。その後、この会社は潰れて名古屋に同様の会社ができたが、また消えた。

インターネット犯罪との対決

インターネットの悪用は、さらに酷かった。犯罪捜査支援室を立ち上げてすぐ、有名になった「闇の職業安定所」を含むいくつものサイトを発見した。覚せい剤や大麻といった禁制薬物から拳銃・実包の販売など、何でもありの無法地帯だった。

マニアックな犯罪ツールも通販で売られていて、そのうちのひとつに「発信地改ざん器」があった。このツールを知るきっかけになった事件は、携帯の番号を教えた相手からストーカー行為を受けた女性の訴えだ。通話履歴から被疑者の発信地を解析すると、最初はロンドン。5分後にはシンガポールからかかり、次はパリへ飛ぶ。

調べていって「覆面コール」というツールにたどり着き、本体を入手してみた。約2

cm角で、携帯電話（当時はガラケー）の底部に差し込むタイプだ。発信者の番号を通信信号として偽装し、海外の交換機経由で着信させるため、調べても海外からの着信となる。

携帯電話の製造会社にこれを持ち込み、技術者から話を聞こうとした。すると、見た途端に顔色が変わり、

「これ、うちの元技術者が噛んでいると思います」

と言う。携帯の本体に差し込むチップ式のアイテムは目的によっていくつかあるが、中の仕組みがわからなければ作れないというのだ。高度な技術を身につけてから退職した専門家が、犯行に絡んでいる可能性を指摘された。相当な科学的能力をもつ者が犯罪インフラを構築していることは、大きな脅威に感じられた。

ほとんどの人は、こんな仕組みを知らないはずだ。しかし犯罪に巻き込まれるのは、常にそうした一般の人である。犯罪に悪用される恐れのある社会インフラについて、もっと情報を共有すべき時期に来ているのかもしれない。

警察庁で捜査支援を全国に展開

平成17年10月、転機が訪れた。「特別捜査官の処遇について」という規定がまとまったことがきっかけだ。

特別捜査官は「特定の分野における犯罪捜査に必要な専門的な知識及び能力を有する者」とされ、知識技能をもつ専門職の面と、捜査官としての資質の両方が求められる。部門としては、財務捜査、科学捜査、サイバー犯罪捜査、国際犯罪捜査がある。

新たな規定は、特別捜査官が将来的に専門職として生きるのか、一般警察官として管理・運営部門も担っていくのかを、それまでの経緯と本人の資質や希望によって決定するという内容だ。定期的に面談調査を受け、警部昇任時に最終決定が行なわれる。

「専門職」を選択した場合は、専門分野の実務のみを定年まで行ない、最高職位は管理官までとなる。「一般警察官と同様の処遇」を選択すると、昇任ごとに警察署勤務を経て本部に戻り、能力などによって所属長に至る道が開かれる。つまり警察署課長代理、本部係長、警察署課長、本部管理官、警察署副署長、本部理事官を経由することが明記されており、警察庁への出向も必要になるという説明だった。

特別捜査官で管理職だった私は、この規定をとりまとめた重松弘教理事官と、今後について面談した。

「特捜官の骨子を固めたので、これに沿って処遇や人事が決まっていくことになります。服藤さんは管理職試験も合格し、署の刑事担当課長も経験して、警視で本部管理官ですから、『一般の警察官と同様の処遇』を希望する権利を得ています。成果や経験から高いポストを与えて、特捜官の目標や励みになるようにするという動きもあります。今後はどうしますか」

「今後も『一般の警察官と同様の処遇』を希望します」

「わかりました。そうすると、時期が来たら次は副署長になってもらうことになりますが、よろしいですね。その後は専門の仕事のみでなく、一般警察官と同様に所属長になっていくことになりますので、頑張ってください」

「わかりました。よろしくお願いします」

この前年に着任した井上美昭刑事部長は、警視庁捜査第二課長を経験されていて刑事・組対分野にも明るく、現場に精通されていた。部長室での話はとても面白く、勉強になった。あるとき、

「服藤君さぁ、こっちに来ない？」

と言われた。「こっち」というのは、警察庁のことだった。警視庁だけでなく、全国の警察のために働いてみないかというのだ。

それからほどなく、刑事部の下にあった犯罪捜査支援室の所属化を検討するよう下命を受ける。警察で「所属」というのは独立した部署のことで、本部の課や所轄署を指す。

「犯罪捜査支援室の仕事は、室レベルではなくなっているね。これからを考えたとき、所属に格上げすることを考えている。刑事総務課の重松理事官にも話しておくから、組

織案を作ってください」

すぐに取り掛かり、原案を仕上げた。さらに、刑事総務課の企画・庶務係が中心となって刑事部としての考えをまとめ、総務部企画課や警務部人事第一課、総務部長、警務部長、副総監、警視総監へと順次説明を終え、組織としての最終案が出来上がった。仮称「犯罪捜査支援センター」。所長・理事官・3名の管理官と9つの係、総勢76名の体制だ。

平成17年の夏になると警察庁刑事局からの見学者が多くなり、組織や業務について細かく聞かれた。やがて、警察庁に捜査支援を主管とする「情報分析支援室」が立ち上がるという情報が入ってきた。警察庁の縄田刑事局長と、京都府警から戻った米田組対部長が、警視庁で成功している捜査支援業務を全国展開しようと考えていることは、すぐにわかった。

年が明けると、私に対して「警察庁の刑事局刑事企画課の中に、情報分析支援室を新設する。担当課長補佐として、立ち上げ前から来て欲しい」という内々示があった。人事異動の内示は、通常1週間前（現在は10日前）だから、異例の早さだ。

平成18年2月27日付で、刑事局刑事企画課課長補佐として、警察庁へ出向した。4月1日に情報分析支援室が発足し、警察庁指定広域技能指導官にも指定された。上級幹部から「警察の人間国宝」と呼ばれる広域技能指導官は、警察白書によるとこんな位置づけだ。

「卓越した専門技能又は知識を有する警察職員を警察庁長官が指定し、その職員を警察全体の財産として、都道府県警察の枠組みを超えて広域的に指導官として活用している。現在、全国警察において、情報分析、強行犯捜査、窃盗犯捜査、薬物事犯捜査、鑑識等の各分野で広域技能指導官が指定され、各都道府県警察職員に対して警察活動上必要な助言や実践的指導を行なうとともに、警察大学校、管区警察学校等において講義を実施している」

私は、それまでなかった「情報分析支援」という分野で指定された。私の学術的な専門分野は薬毒物であり、情報分析支援は、科学捜査官に転任後の各種解析業務から始まって発展させてきた分野だ。米田組対部長からは、

「服藤さんは2つの分野をもっていますね。いずれの実績もさることながら、今後の展開も期待しています」

と声をかけていただいた。

それまで警察庁に「捜査支援」の業務を主管する部署がなかったため、受け皿となる府県警察にも正式な対応組織がほとんどなかった。新たに設置しようとする府県が目白

押しだったので、着任後一段落すると片っ端から訪ねた。平成19年に富山と北海道。翌年、千葉、新潟、福島。翌々年には、福岡、兵庫、神奈川、岡山、三重、石川と新設は広がり、資機材や情報の共有がなされていった。

警察庁に出向した直後から、私が呼ばれた意味は2つあると感じていた。ひとつは、警視庁で捜査支援を成功させた経験が、警察庁での業務立ち上げに必要とされたこと。

ふたつめは、DB‐Mapを構築した実績から、全国バージョンの「情報分析支援システム」を作り上げることだった。その準備に取りかかったところ、高木勇人情報分析支援室長に呼ばれた。

「服藤さん。今度作る情報分析支援システムの名前、考えてくれませんか。英語で、なんか気の利いた名前を」

「私、あまり英語は得意ではないのですが」

「だけど、DB‐MapとかDAISとか、いい名前つけてるじゃないですか」

「わかりました。考えてみます」

席に戻ってすぐ「いけね。締め切りを聞くの忘れた」と心で呟き、室長のところへ戻った。

「いつまでですか。1週間くらいですか」

「あぁ。30分でお願いします」

えっと思ったが、「わかりました」としか答えようがない。そして30分で命名したのが、「ＣＩＳ－ＣＡＴＳ」である。「Criminal Investigation Support - Crime Analysis Tool & System」の略だ。捜査を支援するための犯罪情報分析を行なうツールであり、システムを意味した。ここでいうツールは、ソフトウェアやその機能を指す。手作業や個別作業で時間のかかっていた手順を一台に統合して組み込み、何でもできるようにしたかった。

実は、裏の意味も込めてある。ＣＩＳはラテン語で、みんなが同じ方向を向いていることを示す。有機化学の構造式で使うcis-と同じ意味で、同じ方向に手が出ている有機化合物のときに使うcisと掛けている。その意味も込め、ＣＩＳの後にハイフンを入れた。ＣＡＴＳは猫の複数形だ。ネズミを犯罪者に例え、犯罪解決に当たる分析官を、悪いネズミを追いかけるために、同じ気持ちで進んでいく猫たちになぞらえた。精神面からも、そのために使って欲しいシステムとして命名したのだ。

後にこの命名の話題になったとき、30分というのは高木室長の独特なジョークだったことがわかって驚かされた。

一方で、少し冷めた見方もしていた。このようなシステム作りは警察庁として初めての試みだから、慎重に進めるのは当然だ。しかし、すでに警視庁のＤＢ－Ｍａｐで開発し終えている内容についても、基本的な部分から検討を始めたからだ。ＤＢ－Ｍａｐは、現場で使用しながら改良を加え、3年が経っていた。その実績を踏まえた上で、機能の高度化・効率化を検討したいのが本音だった。

ＣＩＳ‐ＣＡＴＳは、犯罪の発生状況や手口、関連するその他の情報を地図上に表示し、発生場所や時間帯、被疑者の特徴などを総合的に分析するシステムだ。機能の面ではＤＢ‐Ｍａｐそのものだが、解析と分析の能力を大幅に低下させる仕様となった。

向上した機能は、犯罪の手口や統計などの情報をひとつの端末で検索できるようにした点だ。この端末が全国のすべての警察署にオンラインで配備されるのは、革命的な変化だった。

しかし警視庁の各主管課・各署からは、電話がかかり始めた。

「ＤＢ‐Ｍａｐの回収が始まるって本当ですか」

「なんでＤＢ‐Ｍａｐを取り上げるんですか」

「服藤さん。何とかしてください」

「いまの犯罪捜査支援室は、現場のことなんか考えてくれないんですよ」

苦情というよりも、悲鳴だった。なぜこんなことになったのか。私の後任の室長に問い合わせると、前年に獲得したＤＢ‐Ｍａｐの今年度の予算を執行しないと言う。理由を問いただすと、必要ないからだと言うので呆れてしまった。気の毒なのは現場である。

警視庁犯罪捜査支援室の頭脳として開発した「メインＤＢ‐Ｍａｐ」の中止には、さすがに係員から反対の意見が噴出したらしい。これを取り上げられると、捜査支援業務が成り立たないのである。

ＤＡＩＳの予算も打ち切られた。同じ画像解析装置を他社に作らせ、権利を低額で買い上げることにしたらしいのだが、入札で設定価格を下回る業者が現れず、一度は不成立になったという。

これらにより、警視庁の捜査支援は5年以上後退することになった。方向性はこのときからずれ始め、とうとう元に戻らなかった。

各府県警察の科学捜査に協力

警察庁情報分析支援室の室長が徳永崇室長に代わり、平成19年は出向2年目を迎えた。5月には、日本警察として初めての「全国情報分析担当者会議・実務検討会」を開催し、司会を務めた。12月には第1回警察大学校専科が開催され、準備から運営までを捜査支援担当が中心的に担った。管区警察学校における「情報分析専科教養」も、この年に始まった。

出向以来、業務の柱に加えたいと考えて導入を進めたのが、プロファイリングだ。犯行現場の状況や手段、被害者の特徴などの情報を、統計データや行動心理学的手法等に基づいて情報分析支援システム等を活用して分析し、年齢、生活様式、職業、居住地といった犯人像や、犯行の連続性を推定したり、次回犯行の予測をするのがプロファイリングである。連続する性犯罪、窃盗、放火などの事件捜査で活用が期待される。日本警察においては、地理的プロファイリングが効果的と考えた。

全国の警察におけるプロファイリングの活用は、平成14年に警察庁捜査一課長・鑑識課長・科警研総務部長の連名通達が出されていたが、現場の捜査員にはまだまだ受け入れられていなかった。

ロンドン警視庁やＦＢＩへの視察でその可能性を痛感していたこともあり、刑事局長通達を出して、総合的な情報分析の中にプロファイリングを組み込ませた。当時は科警研・科捜研の研究者を中心に行なっていたが、現在は全国に多くの情報分析担当警察官が育ち、人数は10倍を超えている。

警察庁に出向して一番驚いたのが、国会待機だ。話に聞いていた以上だった。会期中は、全員が23時半頃まで待機するのが当たり前。毎日午前1時過ぎまで待機している者も散見された。野党の質問に対する回答案を作成するためだが、質問案がなかなか開示されないのだ。内容がわかってから対応するので、質問の分野が当たった係は徹夜になる。国家公務員一種試験に合格した優秀な頭脳が、こんなことに使われている。大きなショックを受けた。

現在は、このような待機状況は変わってきている。働き方改革の流れもあるのだろうが、質問内容を早めに確認し、必要最小限の体制で待機できるようになった。しかし内容は大きくは変化しておらず、国と国民のための仕事がもっと主体になる仕組みは作れないものかと考えてしまう。

事件相談は、相変わらず続いていた。平成18年6月に広島県警から舞い込んだのは、前年暮れに起こった事件だ。12月28日の夜9時過ぎに発生した喫茶店の火災で、同店経営者の男性が焼死する。友人と外食中だった妻は、妊娠しているとの申し出から、事情聴取が遅れていた。

解剖の結果、死亡原因は焼死。血液中からは、68%の一酸化炭素へモグロビンが検出された。広島大学法医学教室で事後検査のために血液と尿を採取していたこともあり、県警では生体試料を採取していなかった。薬物は、法医学教室の検査で不検出となっていた。

一件落着と思えていたところ、男性に多額の保険金がかけられていることが判明し、妻の妊娠は虚偽だと明らかになる。妻には交際相手がいて、共謀による犯行が疑われ始めた。しかし妻から、自供は得られない。「福山市保険金目的放火・殺人事件」である。

担当の管理官から電話があった。

「困っていろいろな人に相談したら、服藤さんの名前が何回も出るので、お電話しました。助けてください」

広島大学法医学教室における薬物検査は、最初にトライエージという簡易試験を行なった結果が不検出になっており、その後のガスクロマトグラフ質量分析においても不検出だった。被害者の体内から薬物が検出されなかった結果を前提に、科学的な捜査としてはどのような点に着目すればいいのか、という相談だった。

検査結果などの資料を送ってもらい、精査し、関連論文を調べて考察を加えた。現場の状況から考えて、ポイントとなるのは、やはり睡眠導入剤だった。

簡易試験に用いられたトライエージは、一部の睡眠導入剤に対して検出感度が低い場合があり、不検出という結果が出る事例も散見される。この簡易試験結果を前提にした分析では、機器の条件設定によって薬物を検出できない可能性があるのである。

これらを裏付けるための関連論文と、液体クロマトグラフィーなど新たな検査法に関する資料も合わせて送付し、丁寧に説明した。広島県警科捜研と広島大学による再鑑定は、どちらも睡眠薬のゾピクロンを検出した。

その後の捜査で薬の入手経路を突き止め、燃焼実験も行なったところ、数カ月の捜査を経て妻と交際相手の両名を逮捕し、解決に至った。この事件捜査は、警察庁長官賞を受賞している。初動捜査と基礎捜査の大切さ、現場の状況を踏まえた緻密な鑑定の重要性を再認識させられた事件であった。

ガス湯沸器事故のミステリー

同じ時期に相談を受けたのは、パロマの室内設置型ガス湯沸器による一酸化炭素中毒の事故だ。警視庁管内だけで3件、全国では20件以上発生していた。これらの事故原因は、不完全燃焼防止用の制御装置を不正改造したことで、強制排気装置が作動しなくなったことに起因することが明らかとなっていた。

そのうちのひとつ、平成17年11月に発生した案件で、警視庁捜査一課から協力依頼を受けた。

本件では、湯沸器に近い風呂場の前でしゃがみ込んでいた兄が一命を取り留め、湯沸器から一番遠くの部屋にいた弟が死亡していた。依頼の内容は、なぜこのような現象が起こったのか、科学的に解明して欲しいというものだった。

現場の住宅に向かった。玄関を入ってまっすぐ廊下を進むと、左側に風呂場がある。その前で、兄が発見されている。さらに進むと突き当りの左側に台所があり、ガス湯沸器はそこに設置されていた。

廊下を挟んで台所の向かい側には、大きな洋室がある。玄関へ戻る方向にもうひとつ洋室があり、位置的には玄関の右横に当たる。湯沸器から最も離れたこの洋室で、弟が死亡した状態で発見されていた。（図7－1　現場見取り図　参照）

この湯沸器は、連続燃焼すると100分または120分で自動的にガスの供給が遮断

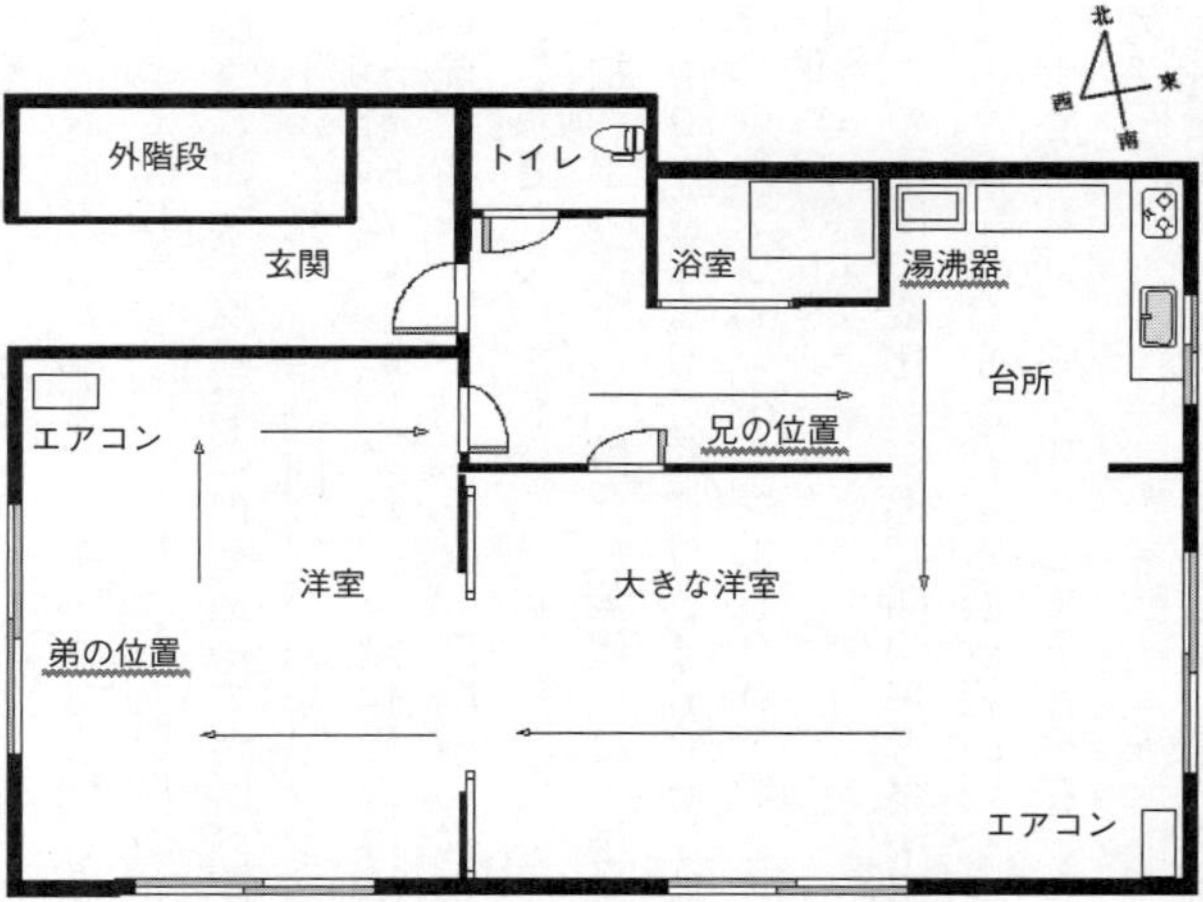

図７−１　現場見取り図（矢印は空気の流れ）

され、消火される構造だった。兄弟が発見されたときは火が消えていたことから、この自動消火システムが作動したものと推認された。つまり湯沸器の燃焼継続時間は、１００分または１２０分だったことになる。

すでに科捜研が、湯沸器を事件当時と同じ状況で使用し、発生する一酸化炭素濃度を測定していた。実験は通気条件などを変えて、３回実施された。しかし着火後50〜60分後に一酸化炭素濃度が上昇し、危険と判断して人為的に消火したため、実測値はそこまでだった。そこで、時間経過に対する濃度変化から関数を割り出し、１００分後及び１２０分後の一酸化炭素濃度を算出した。

もうひとつ明らかになったのは、室内の空気の流れだ。湯沸器を点火してしばらくすると、上昇した熱気は、廊下から玄関方向ではなく、台所の向かい側の大きな洋室に向かって流れ出す。その流れは、玄関横のもう一つの洋室へ向かい、開いていたドアから廊下に出て、風呂場の前を通って台所へ戻って行った。(図7－1　参照)

上から見ると時計回りに、台所・大きな洋室・洋室・玄関前の廊下・風呂場前の廊下・台所という順に流れ、一酸化炭素の濃度は次第に上昇していく。つまり湯沸器に近い風呂場前にいた兄よりも、玄関横の洋室にいた弟のほうが、濃い一酸化炭素に常に先にさらされていたわけだ。

玄関横の洋室の一酸化炭素濃度は、湯沸器の点火から60分後に約２１００～約２６００ｐｐｍ。１２０分後には約４６００～約５５００ｐｐｍに達した。風呂場前の廊下では、点火から60分後で約１９００～約２５００ｐｐｍ。１２０分後で約４３００～約５４００ｐｐｍだった。

この濃度の変化と経過時間から考察すると、いずれの条件でも、人が死に至る場合とそうでない場合が混在する濃度範囲だった。現場の位置関係と一酸化炭素濃度を合わせて考慮すれば、弟が死亡して兄が生存できたことは、科学的に矛盾しないという結論になる。

平成19年1月に、この意見書を提出。同月、警視庁捜査一課はメーカーなどの一斉捜索を開始し、業務上過失致死傷容疑の特別捜査本部で強制捜査に着手した。この事件は、社会的な反響が大きかった。危険性を伴う社会インフラを製造する会社には、そのリスクを完全回避する義務があり、それが不可能なら、製品として市場に出してはならない。

平成19年5月には、大阪府警から「幼児死体遺棄・殺人事件」に関する科学的解明を依頼された。1歳9カ月の男児が、道路脇の側溝に遺棄されていた事案で、21歳の母親と再婚相手である21歳の男が、死体遺棄容疑ですでに逮捕されていた。

義父が、中型スクーターの座席下トランク（ヘルメット収納スペース）に男児を入れたまま放置し、パチンコに興じて2時間後に確認すると死亡していた。そのため、山中に遺体を遺棄したという状況が判明していた。

解剖結果で不詳だった死因を特定し、メットイン部分に入れて放置する行為が死をもたらすことを証明する必要があった。裁判で「未必の故意」による殺人罪を認定してもらわなければ、亡くなった男の子は浮かばれない。

人がスーツケースに閉じ込められたときの酸素濃度の変化などを導き出した、平成9年の「野方署管内イラン人殺人事件」と同様の解析を行なった。その結果、座席下トランクに幼児を閉じ込めて放置した場合、死に至ることを突き止めた。死亡までの推定時間は最長で1時間30分。酸素欠乏に対する二酸化炭素の相乗効果を考えると、1時間前後で死に至っても矛盾しない。その他の生理的作用や、トランクの形状による胸部・腹部の圧迫などの物理的作用によって、さらに短時間で死亡してもおかしくない、という結論になった。

この両親は、男児が亡くなる前日にも、15分ほどヘルメット収納スペースに入れて実験を行なっていたことまでわかった。大阪地裁は監禁致死や死体遺棄の罪を認め、義父に懲役8年、母親に懲役4年6カ月の実刑判決を下している。

平成23年に同じく大阪府警管内で発生した「折檻のためポリ袋内に閉じ込められた幼児の窒息死」事件でも、同様の解析によって意見書を作成した。何の責任もない子どもが犠牲になる事件は、後を絶たない。切なくやるせない気持ちで、いつもいっぱいになる。

人生最大の分岐点

「服藤さん。出向して2年になりますが、もうこのまま警察庁にいますか」

刑事局長に就任した米田さんからそう訊かれたのは、平成19年の晩秋だ。警視の出向は、2年で元の警察本部へ戻ることになっていた。

「申し訳ありませんが、一度警視庁に戻らせていただけますか。やり残した科捜研の改革と捜査支援の所属化を、どうしてもやりたいんです」

刑事部の下にあった犯罪捜査支援室を所属に格上げし、現場のための仕組み作りをさらに推し進めたかった。また、かつて在籍した科捜研を、研究員がさらに生き生きと働けるレベルの高い研究所にしたいとも思っていた。

この時期には、警視庁刑事総務課に、犯罪捜査支援室担当の理事官ポストが設置されていた。警察庁の捜査支援担当課長補佐として2年間出向した自分が、警視庁に戻って経験を活かすには、そのポストが適任だと勝手に思い込んでいた。

ところが平成20年2月に警視庁に戻るときのポストは、捜査第三課の理事官心得だった。内示が出たときは驚いた。副署長でなかったこと、捜査支援担当でなかったこと、捜査部門の重要なポストを任されたことなど、すべて予想外だったためいろいろな思いが交錯した。

捜査三課に着任し、課長から最初に言われたのは、

「参事官から『どんな案件にしても、刑事部長には直接話をしに行かないように。事前に、課長や参事官に諮ること』と言われているから、気を付けるように」

だった。何やらきな臭さを感じた。

捜査三課は、基本的に窃盗犯罪を担当する。単に窃盗といっても、常習窃盗・組織窃盗・すり・置引き・自動車盗・ひったくり・車上狙いなど分野が広く、盗品捜査、手口や情報の分析なども含めると、業務は多岐にわたった。独自の情報分析手法がいくつも

あり、資機材もたくさん開発されていた。

当時、捜査本部は60を超えていた。全ては回り切れなかったが、いくつも顔を出した。驚いたのは、警視庁全体の刑法犯認知件数の7割強を、約230名のこの一所属だけで担っていたことだ。そのことを誇りに感じながら日々黙々と責任を果たす、多くの「泥棒デカ」に対面した。

厳しい調べの中で、被疑者と共に泣く刑事。刑が確定して収監された受刑者に、面会に行く刑事。出所後、「まじめにやってるか」と連絡を取る刑事。まさにテレビドラマの世界が、そこにあった。

部下には、女性刑事が何人もいた。

「あの、決裁お願いします」

そのうちの一人が、こちらの顔色をうかがいながら申し訳なさそうに続けた。

「休暇をいただいてもよろしいでしょうか」

「どうしたの？　休暇は自分のものだよ。取れるときはどんどん取ってね」

そう答えると、彼女の顔はパッと明るくなった。男性に交じって頑張っている女性デカには、いろいろ苦労があるのだろうという思いが浮かび、こう語りかけた。

「私の妻も、ずっと看護師の仕事をしていてね。子育ても一緒にやって来たよ。夜中に起きて、ミルクを作ったり飲ませたりした。妻が職場復帰してからは、息子を0歳から保育園に預けた。朝は私が預けに行って、夕方のお迎えは妻だった。だから毎日、悲しそうな顔の息子と別れるのは私で、笑顔で飛びついてくる息子を引き取るのは妻（笑）。そうやって二人三脚で頑張ってきた。

私は以前から部下に、産休や育休は取りたいだけ取ったらいいと言ってきた。これからの警察は、女性が中心になって働ける職場にならなければ、将来はないと思ってるよ」

彼女は、目を輝かせながら聞いてくれた。

刑事一人一人の能力は高く、みんな不思議なくらい明るく、こんな所属は経験したことがなかった。飲み会も頻繁に行なわれ、アフター5の芸達者が揃っていた。この仲間たちと共に過ごした1年間には、深く感謝している。

この年8月、警察庁の米村敏朗長官官房長が警視総監に着任した。そして、犯罪捜査支援室を所属に格上げし、センター化する構想が動き始める。参事官級の検討会などを経て、刑事部を中心に案をまとめていくことになる。平成17年に井上刑事部長に命じられ、センター化の原案をまとめたときの副総監が米村さんだったが、具体化する過程に私は参画できなかった。

親しい総務・警務系の幹部から「あれは、服藤さんのための所属じゃないの」などと声をかけられたが、刑事部の幹部からは、

「今度できる組織の所属長には、署長経験者しか就けない。所属長として2つ目以上のポストだから」

と直接言われた。「服藤は、まだ副署長をやっていない」「制服勤務が足りない」「犯罪捜査支援室がセンターに格上げされても、所属長としては不適任だ」などと陰で言われていることも、耳に入ってきた。私は現場の役に立つ科学捜査や捜査支援に力を尽くしたいだけなのだが、ポストばかりが話題になってしまう。中島みゆきの『ファイト!』の歌詞が、また脳裏をかすめた。

平成21年4月1日、犯罪捜査支援室は所属に格上げされ、捜査支援分析センターとなった。私は、これより前の3月2日付で理事官に昇任し、北区にある滝野川警察署の副署長に着任していた。

通常、副署長は管理官から昇任して就くポストで、本部の理事官心得から副署長に出される人事は、記憶になかった。同期の警視のほとんどは、私が警察庁へ出向している間に副署長を経験している。私が捜査三課の理事官心得になった後、彼らは理事官として本部へ戻って来て、このとき署長に昇任して出て行った。

内示を受けた翌日の始業時間ちょうどに、人事一課の茂垣之雄理事官から「説明をしたいので、来て欲しい」という電話があった。

「昨日の内示は、さぞかし驚かれたことと思う。理事官心得から副署長という異動は通常ないし、第一線の副署長というポストには不安もあると思う。

服藤さんはこれまで、科学捜査や捜査支援の分野で活躍し、多大な貢献と輝かしい成果を残している。その分野では、誰もが認める第一人者です。ただ、今後は運営部門で才能を発揮してもらわなければならない時期で、ポジション的にもその位置にある。副署長の仕事には戸惑いもあると思うけれども、ステップアップのための経験として、近い将来のために勉強してもらうという意味でも、今回の人事が決定した。第一線の業務は忙しいと思うけれども、頑張ってもらいたい」

温かい言葉をかけていただき、とても勇気付けられた。

滝野川署の署長は、私が犯罪捜査支援室長時代に公安総務課の管理官をしていた手塚喜博さんだった。実務に長けており、仕事に厳しく自分にも厳しい人だ。

「人事一課の茂垣さんから、服藤さんを1年で署長に育ててくれと頼まれている」

と言われた。

滝野川署は、警務課、交通課、警備課、地域課、刑事組織犯罪対策課、生活安全課の6課からなり、署長以下242名の構成で、警視庁では小規模署に該当した。

毎朝7時15分から柔剣道の朝稽古。8時15分に前日の当番勤務副署長報告を受け、8時20分に留置者を検察庁へ護送する「順送」の立ち会い。8時30分から署長室で、当番員や各課長が前日の当番勤務や当日の行事関係を報告する朝会があり、司会が副署長の役割だ。この後は点検場で点検・教練があり、講堂で署長訓示があった。

一段落して自席へ戻ると、袖机の上に十数段ずつの山ふたつ、計25箱ほどの決裁箱が整然と置かれている。各係から上がってきた書類で、ひとつの山は署長へ回す決裁。もうひとつは副署長決裁だ。

合間を縫って、個別決裁も来る。最初に面食らったのは、地域係長が当番報告にやって来たときだった。当番勤務活動報告書類の見方や意味が、わからないのだ。ひとつひとつ、丁寧に教えてもらった。警備係や公安係の報告も、実務経験がないためにわからないことだらけ。やはり丁寧に教えてもらった。

決裁は、必ず立って受けることを信条とした。相手は立って報告するのだから、同じ目線を心掛けたのだ。私の知識不足と経験不足のせいで、個々の決裁にかかる時間は長くなった。初めの頃、副署長決裁には長蛇の列ができてしまった。それでも署員は、いろいろと助けてくれた。

午前と午後の留置施設巡視は、土日祝日も変わらない。17時30分頃には、留置者が検察庁から護送されてくる「逆送」に立ち会う。

各種定例会議に加え、広報対応、超勤管理から表彰、人事・会計・調査、警察署協議会、武道始式など、副署長の業務は多岐に及んだ。着任して3カ月は、土日祝日もフルタイムで出勤した。通常の勤務時間だけでは、副署長の特別な業務まで手が回らなかったからだ。徐々に要領を覚えると、土日祝日は半日で仕事をこなせるようになった。

現場を肌で感じ、何が必要で何が大切か、理解し行動する。私は地域の人々と直接接触できるそんな現場が大好きだった。現場を理解していないものは、本当がわからず何もできない。

署員の中から、「副署長として違和感がありません」とか、「いままでで一番いい副署長です」と言ってくれる者まで現れた。初めて見る書類や事柄に驚き戸惑いながら、一生懸命に応えてくる署員やこの土地を愛する地域の方々に助けられた。夏に入った頃から、署長訓示に代わる副署長の代訓が、週に一回程度入るようになった。署長になる準備のために、私を育ててくれているのだと感じた。

そんなふうに充実した毎日を過ごしていた8月27日。運命の電話が鳴る。

「服藤さん、覚えてますか」

聞き覚えのある声だった。オウム関連事件のとき東京地検の主任検事だった鈴木さんで、その頃は最高検察庁の刑事部長を務めていた（後に福岡高等検察庁検事長）。

「助けてもらいたいことがあって電話したんです」

それが、「名張毒ぶどう酒事件」の再審請求に関する依頼だった。

第8章

生き甲斐を求めて

名張毒ぶどう酒事件再審請求

毒の混入されたぶどう酒の瓶（左）
（朝日新聞社／時事通信フォト）

科学者の良心で難題に挑む

「名張毒ぶどう酒事件」の名前は当然知っていたが、詳細な内容は記憶になかった。調べてみると、昭和36年3月28日に発生した大量殺人事件だった。三重県名張市の集落の懇親会で振る舞われたぶどう酒に農薬が混入され、それを飲んだ17人が中毒になり、うち女性5人が死亡している。

事件当時35歳だった奥西勝・元死刑囚は犯行を自白したが、取り調べの途中から否認に転じ、裁判では一貫して冤罪を訴えた。一審の津地方裁判所では、死刑の求刑に対して証拠不十分で無罪判決。控訴審の名古屋高裁は、逆転死刑判決。最高裁は上告を棄却し、昭和47年に死刑が確定した。

弁護側は、何度も再審を請求した。刑の執行は見送られたが、判決が覆えることはなかった。奥西死刑囚は死刑確定から43年後の平成27年、八王子医療刑務所において89歳で死亡したが、令和2年末時点で第10次の再審請求が行なわれている（令和6年1月に、第10次再審請求は棄却決定）。

私が依頼を受けたのは第7次の再審請求で、最高裁で審理中だった。電話をかけてきた最高検察庁の鈴木刑事部長は、こう説明した。

「以前からお願いしていた科警研が、ギブアップしてしまったんです。いろいろな大学の教授にも当たったのですが、難しいという理由でみんな断わられてしまいました。大変困っているので、何とか助けて欲しい。使われた毒物が有機リンの農薬で、サリンと一緒ですから、服藤さんが思い浮かんだんです」

その後、担当する最高検察庁の八木宏幸検事（後に東京高等検察庁検事長）から電話があり、学術的な意見を聞きたいと言われた。

この手の案件は、片手間ではできない。全ての情報を読み込み、事件の内容はもちろん、被疑者と被害者以外に参考人や関連する事柄についても、時系列的な把握を含む学術的な関連知識を掘り下げる必要がある。公判対策にはこれまでも参画してきたが、現在は副署長の業務を担う身だ。とても時間が取れなかった。

署長と相談して、お断わりすることにした。再度「土日だけでも時間を空けて、協力して欲しい」という要請を受けたが、物理的に不可能なので重ねてお断わりした。

ただし心の中では、とても気になっていた。私は、助けを求められて断わったことがない。まして今回の案件は、公判と学術を理解しながら科学的立証を構築しなければならず、大変難しい内容だ。

数日して、刑事総務課の管理官から電話があった。今度は警察庁経由で、私に依頼が来ているという。最高検から警察庁刑事局長に協力依頼があり、警察庁や科警研で対応できるか検討されたらしい。その後、二転三転して私の名前がまた浮上したようだ。この時点で、警視庁刑事部は断わる方向で動いていたし、私もそう思っていた。

ところが警察庁の幹部から、

「服藤さん、手を挙げてくれませんか」

と直に頼まれてしまった。

「警察庁では対応できない。警視庁も、どうも断わりそうだ。環境は整えるから、お願いする」

というのである。私自身の処遇が微妙な時期で、この仕事を受けると、前途に不利益を被ることは明らかだった。しかしいつの間にか、受けざるを得なくなる流れができていた。

私は一貫して、自分にしかできない仕事をしてきた。日本警察のために働けるうちは、そのやり方を続けるつもりだった。所轄の署長は、叩き上げの優秀な警察官が座れるポストだ。人事コースのステップではあるけれども、私でなくても務まる。より上のポストに就いて発言力を持ちたい気持ちはあったが、そのコースでなくてもよかった。

この案件は、他の者にはできない。そう見込んで頼まれたこともわかっていたし、自分の生き方として、受けなければもっと後悔することもわかっていた。大きな勇気は要ったが、もはや利害や損得は別だった。

刑事総務課長に電話を入れた。

「服藤です。名張の件ですが、警視庁としては断わる方向ですか」

「その方向で検討していますよ」

「現在、副署長をさせていただいており、難しいとは思いますが、私にできる可能性があるのでしたら協力させていただきたいのですが」

「えっ。服藤さん、やりたいの？」

「私で対応可能であれば、と思っています」

「……結果がどうなるかは別として、検討します」

平成21年9月3日、署長から「警察庁人事課からの要請で、9月10日から30日までの間、警察庁刑事企画課へ派遣する」と告げられた。こうして警察庁長官と警視総監の辞令を受け、正式に「名張毒ぶどう酒事件第7次再審請求」に関わることになった。

私が不在中の副署長代行は、警務官が務めることになった。結果的に、滝野川署には負担を掛けた。いま思えば、もっと説明をして、組織として納得のできる対応を模索すべきだった。しかし副署長として多忙だった私に、その時間と物理的な余裕がなかったのも事実だった。

9月10日、警察庁刑事企画課に赴いて刑事局長・刑事企画課長・同企画官と面談し、その足で最高検察庁へ向かった。

まず最初の1週間は、資料の読み込みに費やした。全ての出来事を時系列に並べ、科学的な内容を中心に整理して、頭に叩き込んだ。この時点では、最高裁に提出する意見書の理論構築と、意見出しまでが、私に依頼された内容だと思っていた。
この件には、この後およそ3年も関わることになる。

犯行に使われた農薬は別のものか

名張毒ぶどう酒事件の第7次再審請求は、平成14年に始まった。平成17年に「再審開始決定」がなされた後、検察側の申し立てによる異議審で「再審開始決定を取り消す決定」が出されている。その後の弁護側特別抗告による最高裁審理中が、この時点だ。なぜもっと早く相談してくれなかったのかと思ったが、即座に「私に依頼が来るのは、いつも最後だったな」と自答した。そして、最高裁の決定で、「異議審を取り消し、名古屋高裁へ審理差し戻し」となっていくのだ。

弁護側にとっての新事実で、最大のポイントは、「ぶどう酒に混ぜられた農薬は、奥西死刑囚が所持していて押収された農薬と別の種類である」という主張であった。

犯行に使われたぶどう酒から見つかった農薬は、TEPP（テトラエチルピロホスフェート）剤の一種である「ニッカリンT」で、奥西死刑囚もこれを所持していた。弁護側は、インターネット上で「古い農薬を捜しています。情報をお寄せください」と呼びかけてTEPP剤を入手し、京都大学の教授に鑑定を依頼した。神戸大学の教授に、当時のTEPP剤の製造法などの鑑定も依頼していた。

表８－１ ニッカリンTに含まれる各成分

化合物	モル比［%］	重量比［%］
トリエチルホスフェート	36.4	24.5
TEPP	45.0	48.2
ペンタエチルトリホスフェート	18.6	27.3

（平成24年5月25日 名古屋高等裁判所刑事第2部 決定 参照）

私に託されたのは、「事件当時の鑑定結果に基づいて確定した判決において、犯罪に使用された農薬は、受刑者の農薬だとしても矛盾しない」という科学的立証だった。

平成22年4月5日の最高裁の決定で、名古屋高裁へ審理が差し戻されて間もなく、検察庁と警察庁の協議で、事件当時の鑑定の再現などが検討され、検察側の鑑定先は警視庁科捜研に内定した。そこで私をアドバイザーとして鑑定グループに入れ、可能であれば証人出廷もさせる、と自然の流れで決まっていった。

名古屋高裁差し戻し審に向け、さらに学術的な内容を頭に入れ、まず指摘したのは、鑑定用にニッカリンTを製造し、科学的な立証のための最新技術による再鑑定を行なうことだ。事件当時の鑑定は普通に用いられていた方法だが、物質の特定や論点を整理して検討するには、情報が少なすぎたからである。TEPP剤は毒性が強く、昭和44年に製造が禁止されていたため、新たに作るには裁判所の許可が必要だった。

私は、事件当時の道具を揃えて当時と同じ条件で予備実験を行

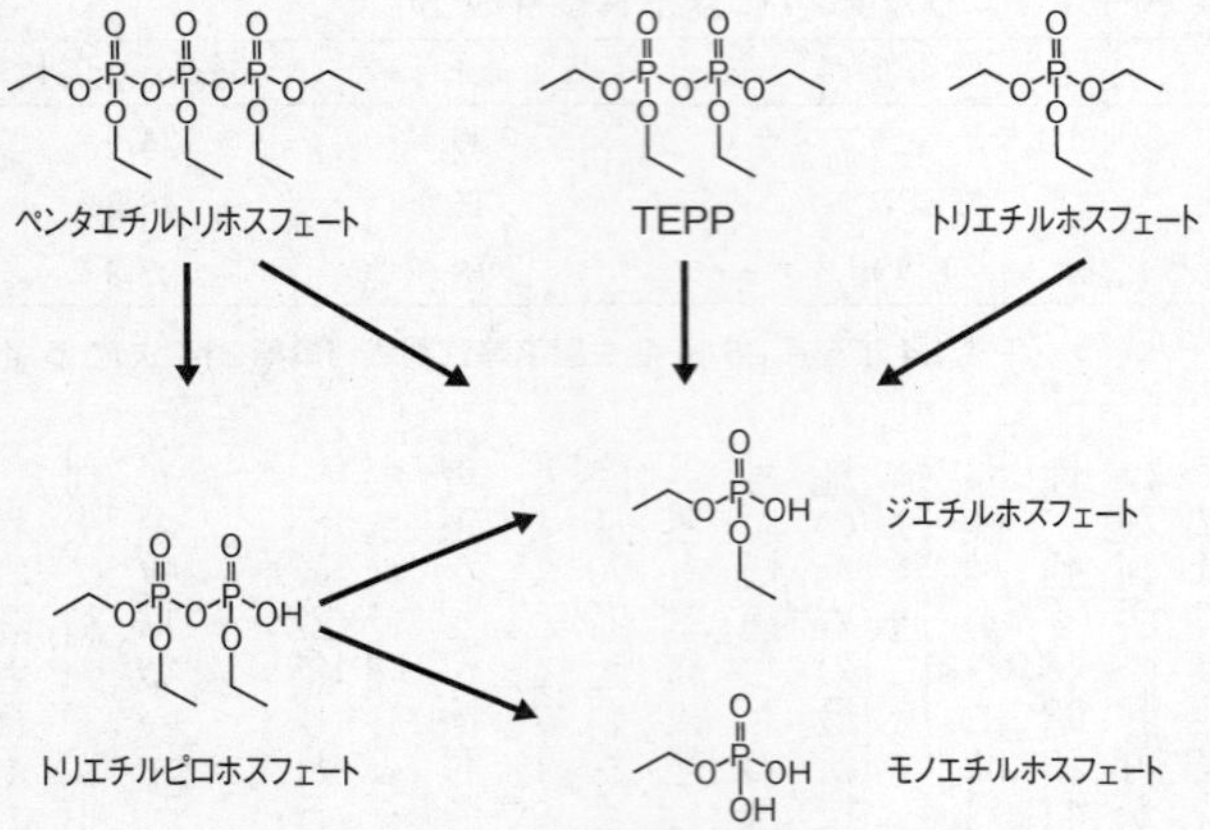

図８－１　ニッカリンTに含まれる各成分の加水分解

なったり、最新の機器分析の具体的な試験方法や各種条件を策定し、再鑑定に必要な鑑定事項を提示した。

名古屋高裁は、ニッカリンＴの製造と第三者による鑑定を決定し、自然科学研究機構・岡崎統合バイオサイエンスセンターの教授が鑑定を担当することになった。７月にニッカリンＴが製造され、鑑定は９月末に終了した。

それによると、ニッカリンＴの主成分は３つの物質、ＴＥＰＰ、トリエチルホスフェート（以下トリエチル）、ペンタエチルトリホスフェート（以下ペンタエチル）である。（表８－１　ニッカリンＴに含まれる各成分　参照）

ニッカリンＴをぶどう酒に混ぜると、物質ごとに加水分解が起こる。ペンタエチルはトリエチルピロホスフェート（以下トリピロ）とジエチルホスフェート（以下ジエチル）に分解され、トリピロも含めてジエチルとモノエチルホスフェート（以下モノエチル）という分解物に至る。TEPPも、ジエチルとモノエチルに分解される。トリエチルもまた、ジエチルとモノエチルになる。（図8－1　ニッカリンTに含まれる各成分の加水分解　参照）

つまり最終的には、ジエチルとモノエチルという物質に移行していく。

弁護側の主張は、事件当時の鑑定内容を報告した三重県衛生研究所研究員の論文に基づいていた。この鑑定では、ペーパークロマトグラフィーを用いた検査を行なっている。

ペーパークロマトグラフィーは、角型ろ紙をある程度の長さ（本件では約30㎝）の短

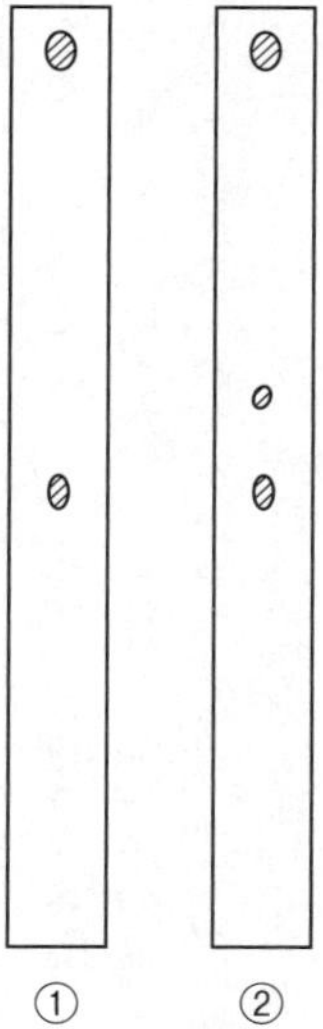

①検体のエーテル抽出物
②対照ブドウ酒にテップ剤を添加したもの
（渥美三千里他：食衛誌，3，89－92，1962. から抜粋）

図8－2　抽出物のペーパークロマトグラム

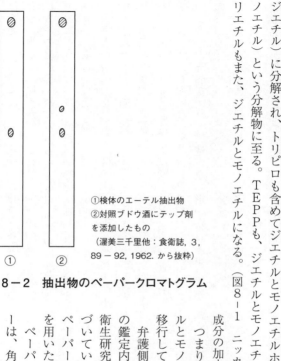

冊状に切ったものを用いる検査法で、下から3㎝くらいの場所に鑑定資料から抽出した液を塗り、溶液に浸して、密閉したガラス容器に入れる。すると液が浸透して内容物とともに上がっていくが、物質の性質や分子の構造などによって、速度と止まる位置が変わる。これがペーパークロマトグラフィーの原理で、各物質の止まる部分を「スポット」と言う。その後、発色試薬等を噴霧してスポットを可視化し、既知の対象物のスポットと比較して判定する。

当時の鑑定結果を見ると（図8－2　抽出物のペーパークロマトグラム　参照）、事件に使用されたぶどう酒の残りには、スポットが2つしか現れていない（図の①）。対照として同じぶどう酒を準備してニッカリンTを加えた結果では、3つのスポットが現れている（図の②）。弁護側はこの違いから、事件に使われたのはニッカリンTではなく、受刑者の所持していない別のTEPP剤だったのだ、と主張していた。TEPP剤にはいくつかの商品があり、製造方法の違いからスポットが2つしか出ない種類も存在したのである。

鑑定によりデータは出揃った。ここからが本番である。

鍵は混入から分析までの時間

ペーパークロマトグラフィーの①に現れたスポットは、TEPPとジエチルの2つであり、②は、TEPP、トリピロ、ジエチルの3つであることが分かった。①にないのは、②の真ん中のスポットであるトリピロだ。

　そして、差し戻し審で重要な役割を担うトリピロは、製造したニッカリンTには存在せず、ニッカリンTの3つの主成分のうちのひとつであるペンタエチルの分解によって生成されるのである。

　さらに、事件当時の科学ではわからなかった点に、各物質の加水分解のスピードの違いがある。鑑定によると（表8－2　ニッカリンTに含まれる各成分モル比％［重量比％］の加水分解による経時変化　参照）、ペンタエチル（1番右）は、3日後にゼロになっている。TEPP（右から2番目）は、分解速度が速く、5日後にゼロになっている。トリピロ（右から3番目）は、少しずつ減少している。分解で生成したジエチル（1番左）とモノエチル（左から2番目）が次第に増えている。

　もうひとつ明らかになったことは、事件当時の鑑定で毒物を抽出するために用いたエーテルに対する各物質の性質だった。エーテルを使うと、トリピロは抽出されないことが判明したのだ。そこで、図8－2の①にトリピロのスポットがないのは、エーテルに抽出されなかったためかと思われた。

　ではなぜ、②にはトリピロが検出しているのか。その理由は、分解によりトリピロを生成するペンタエチルがエーテルによって抽出されるためである。ぶどう酒にニッカリ

表8－2　ニッカリンTに含まれる各成分モル比％（重量比％）の加水分解による経時変化

	ジエチルホスフェート	モノエチルホスフェート	トリエチルホスフェート	トリエチルピロホスフェート	TEPP	ペンタエチルトリホスフェート
溶解直後	14.3 (9.3)	0.0 (0.0)	28.1 (21.6)	22.3 (24.7)	33.1 (40.6)	2.2 (3.8)
1日後	46.3 (36.6)	1.0 (0.6)	23.9 (22.3)	19.6 (26.3)	8.8 (13.2)	0.5 (1.0)
2日後	56.1 (47.4)	1.4 (0.9)	22.5 (22.5)	17.7 (25.4)	2.0 (3.2)	0.2 (0.5)
3日後	58.0 (49.8)	2.4 (1.7)	21.4 (21.7)	16.9 (24.7)	1.3 (2.1)	0.0 (0.0)
4日後	60.1 (52.5)	3.0 (2.1)	21.1 (21.8)	15.4 (22.9)	0.4 (0.7)	0.0 (0.0)
5日後	60.8 (53.7)	3.6 (2.6)	21.1 (22.0)	14.5 (21.8)	0.0 (0.0)	0.0 (0.0)

（平成24年5月25日 名古屋高等裁判所刑事第2部 決定 参照）

ンTを混ぜると、試験を行なっている間に徐々にペンタエチルの分解が進み、一部がトリピロに変わる過程で検出されたと考えられた。

すると、逆説的な疑問が新たに生じる。ペンタエチルが抽出・分解されるのなら、①にもトリピロのスポットが現れるはずではないのか？

ここに、最終的などんでん返しがあった。時系列を整理してみると。

ぶどう酒にニッカリンTを投入した時期が重要で、これが加水分解の起点となる。本件の鑑定資料が研究所に持ち込まれたのは、事件発生の翌日。ペーパークロマトグラフ試験に取りかかるまでに、さらに1日弱かかっている。つまり①は、ぶどう酒にニッカリンTが混入されてから1日以上経った時点の分析結果で、②はぶどう酒にニッカリンTを混入した直後の分析結果である。

そこで、ペンタエチルの加水分解の経時変化を見ると（表8－2参照）、溶解直後は2・2％だが、1日後は0・5

%、2日後は0・2%である。本件の鑑定資料には、加水分解によってトリピロの原料となるペンタエチルがすでにほとんど存在しなかったため、2つのスポットしか現れなかったのである。②の資料でトリピロが検出され、①で検出されなかった理由は、ぶどう酒への混入時期のずれにあったと思われる。

結論として、犯行に使われたぶどう酒の残りからトリピロが検出されなかった理由は、ニッカリンT混入から1日以上経った検査だったこと。このときすでに、トリピロの原料であるペンタエチルのほとんどが分解され、さらにエーテル抽出で減少してしまった可能性があること。また、それまでにペンタエチルから分解で生成されていたトリピロは、エーテルにより抽出されなかったこと。これらにより、スポットが2つになった可能性が高く、犯行に使われた農薬がニッカリンTではなかったことの証拠にはならないということになる。

検察と警察から期待されたのは、弁護側の主張を押し返してくれということだった。しかし私は科学者としての立場から、与えられた情報と事実を基に正しい論理を組み立て、どのような結論が出ようとも真実を明らかにする、というスタンスで臨んだ。

平成24年1月、名古屋高検は、名古屋高裁に最終意見書を提出した。実施された鑑定と証言は、慎重な手順と厳密な手法を用いて行なわれ、科学的信頼性は高かった。名古屋高検の担当検察官は、その内容を深く理解して掘り下げ、当方の意見も取捨選別して採用してくれた。

5月、名古屋高裁は第7次再審請求の開始決定を取り消す。裁判長は、弁護側の新証拠について「犯行に用いられた薬剤がニッカリンTではあり得ないということを意味しないことが明らか」だと結論づけた。スポットの数の違いについては「加水分解によってほとんど残っていなかったと推論できる」とした。

その日、私は警察庁指定広域技能指導官の全国研修会に出席し、刑事局分科会の会場にいた。辻義之刑事局審議官に緊急のメモが届けられ、確認後すぐ私に手渡してくれた。「再審認めず」と書かれていた。その後、最高検察庁の刑事部長・公判部長・担当部長が、警視総監・副総監・刑事部長、そして最後に私のところへ、お礼の挨拶に来てくれた。

弁護側は特別抗告を行なったが、平成25年10月、最高裁は棄却を決定した。

戻った組織に居場所を失う

名張毒ぶどう酒事件の第7次再審請求に関わっていた約3年の間に、組織における私の立場には、思いもよらない変化が生じていた。

そもそも副署長が検察庁案件で短期派遣されるなど、あり得ない人事だった。当初、警察庁長官と警視総監の辞令で20日間の予定だった警察庁への派遣期間は、1カ月も延

長された。滝野川署に戻ったのは平成21年11月1日。署員たちは、以前にもまして笑顔でやってきて、

「副署長がいない間、寂しかったです」

などと言ってくれた。ところが、年末年始の行事や武道始式も終了した頃、署長から耳打ちされた。

「副署長。あなたの人事は変わったらしい」

翌年2月15日付の定期異動で、警察大学校特別捜査幹部研修所へ派遣となる。教授として特命専従で、理事官のままだった。「せっかく所属長にするために組織として環境を整えたのに、わざわざ自分で脇道を選んだせいだ」という声が、聞こえてきた。継続的に専従でこの案件に関わると具体的には聞かされていなかったので、この人事異動の内容には驚いた。

自分としては、名張の案件は読み込みも終わり、これから先は片手間にできると思っていた。何より、理事官心得から副署長に出た経緯もあり、次は所属長にしてもらえると勝手に考えていたのだ。警視の同期だけでなく年次が下の者まで、すでに所属長になっていた。

理事官から副署長に出た人間がまた理事官で戻るなど、ありえない人事だ。関わっていた仕事の内容が極秘事項だったこともあり黙っていると、「あいつは不祥事を起こし

たんだ」と言われたりもした。しかし反論はせず、面倒でもあったので、放っておいた。そのまま自重すればよかったのだが、こうした思いを刑事部長と警務部長に直接ぶつけてしまう。やるせない思いのまま警察庁の米田官房長のところへ挨拶に向かうと、そのことを叱られた。米田さんに叱られるのは初めてだった。この難題を引き受けるかどうか決める前に、なぜ米田さんに相談しなかったのかと悔やんだ。

第7次再審請求が名古屋高裁へ審理差し戻しになった直後の4月末、また人事が動いた。

警視庁刑事部理事官として、科捜研の担当となったのだ。着任と同時に、参事官以下関連所属長と話し合いがもたれた。結論的には「名張の案件は服藤が抱え込んできたもので、我々としては関与しない。実験室を一部屋あてがうので、そこでやってくれ。通常の実務には関わらないこと」となった。

実験室に、係長（警部）用の机と椅子をあてがわれた。職員として当然あるべき重要事務連絡や福利厚生的な対応も、当初は全くなかった。月に一度の所属会議にも呼ばれない。警視庁の行事や職員として認識しなければならない通達・事柄・行事などに関する連絡も、一切なされなかった。

しばらくして、体調に異変が起こった。右下腹部の上行結腸あたりが常に痛い。そして歩くのが苦痛になった。土日は必ず妻と10km以上ウォーキングをしていたが、1kmも歩けなくなった。なぜか気持ちが滅入ってしまい、足が上がらないのだ。メンタルのせいだと思った。こんな状態が半年以上続いた。妻が常に付き添ってくれて、

「無理しなくていいよ。今日はあそこまで行ってみようか」

と徐々に距離を伸ばしながら支えてくれ、少しずつ快方に向かった。

最高検の鈴木刑事部長と担当の八木検事は、栄転された。なかなか難しいもので、後任はこれまでの経緯を知る由もなく、対応は事務的になっていく。

名古屋高裁が、ニッカリンTの鑑定を警察の機関ではなく民間の岡崎統合バイオサイエンスセンターで行なうと決めた時点で、本当はお役御免のはずだった。しかし検察は「いてもらわなきゃ困る」と言い、警察庁や警視庁は「検察がオッケーを出すまでは、服藤さんは離れられません」と、私の人事は凍結されていった。

名張事件の鑑定には科捜研が組織として対応し、私はそれをサポートする立場のはずだった。しかし、そんなことはどうでもよくなっていた。警察が捜査・検挙し、裁判で刑罰が確定した者の再審請求である。警察の誰かが真摯に向き合って真実を解明することは、正しい行為であり責任でもあると信じた。しかも、それができる者は限られていたのだ。

金髙雅仁刑事局長（後に警察庁長官）は、この件に私が関わることになってからお会いしたとき、

「本件で、服藤君に不利益なことがあっては困る。それだけは何としても避けるから」

と言ってくれた。しかしこちらの至らなさもあり、現実は厳しかった。

とにかく、するべきことを淡々と進めた。

この頃から、説明しても理解してもらえない人には説明するのをやめた。意味がないし、時間がもったいないと思った。反論や説明をしても相手は多数だから、真実よりも、多くの人の共有する認識が正論になってしまう。

しかし反論しないと、「本当のことだから、アイツは反論できないんだ」という理屈が成り立っていく。これは組織において本当に怖い現象だ。私の失ったものは大きかった。

主席鑑定官

平成24年2月27日付で、刑事部主席鑑定官に就任した。それまで存在しないポストで、所属長の経験者しか座れないと聞いたから、自分には無縁だと思っていた。ところが実は、私のために作ってくれた席だった。当時の刑事部長が「服藤はいつどこから何を頼まれるかわからないので、対応できるポストを考えるように」と刑事総務課に下命した

と、後に聞いた。

主席鑑定官は「科学捜査の向上に資するため、正確かつ緻密な鑑定業務を推進し、その機能を遺憾なく発揮させる体制を確立するため」に設置されたことが、警視総監訓令に記されている。

具体的には、科捜研・鑑識課・捜査支援分析センター・交通捜査課の鑑定関連業務を頼むということだった。

刑事部長・刑事部参事官・刑事総務課長の刑事部三役の隣に並んで個室を与えられ、連絡担当の警部補が2名ついた。物理的な待遇は刑事部付並みだったが、明確な決裁ラインがなく、予算も付いていなかった。

吉田尚正刑事部長（後の警視総監）からは、好きなようにやっていいと言われた。具体的な実務案として、警視庁管内に102ある警察署のうち、島部5署を除く97署に赴いて「科学捜査・捜査支援・鑑定業務等」に関する教養をして欲しいといわれた。警察において「教養」というのは、研修のことだ。これに対しても、

「各署を訪問して一方通行の講義や講演をしてもあまり意味がないので、思うようにやらせてください」

と一任を取り付けた。

さて、何をするかである。連絡担当の主任の一人は阿部賢一警部補、滝野川で副署長

を務めたときの刑事組織犯罪対策課係長で、気骨がある優秀な刑事だった。彼からの提案もあり、宮城県警へ視察に行くことにした。

東日本大震災は、この前年だ。身元不明者を捜索する警察活動で、歯科領域からのアプローチが結果を出していた。歯科医師のボランティアによって多くの身元が判明し、そこに東北大学の青木孝文教授が開発した照合ソフトを組み込む試みがなされていた。東京で直下型地震が起こったときの備えとして、この仕組みをシステム化しておくことが重要だと考えたのだ。

2泊3日で宮城県を訪れた。まず、宮城県警察本部の鑑識課を中心とした関係各所属で、震災当時の初動から身元確認活動の詳しい説明を聞いた。その後、東北大学の青木研究室へ赴き、身元確認用ソフトの概要を実際のデータを用いながら説明を受けた。

夜の検討会には、宮城県歯科医師会で大規模災害対策本部身元確認班の班長を務める江澤庸博医師と、副長の柏崎潤医師が同席してくれた。両医師から聞いた身元確認作業の実際は、想像を超えていた。場所の確保、明かりと寒さの問題、ずっと立ったまま作業を続けたこと、遺体の安置場所。必要な物資も手に入らない状況で、目的を達成するためにどのように困難を乗り越えたかが伝わってきた。

翌日はスケジュールが厳しい中、県警に無理をお願いして、どうしても行きたかった石巻市の旧大川小学校へ連れて行ってもらった。テレビやネットで何回も映像を見ていたのに、現地を目の当たりにして絶句した。慰霊碑の前で手を合わせると、胸が痛んだ。

県警の鑑識課員はわざわざ海岸線を南下して、被害の実態を把握できるようにしてくれた。女川・浦宿・石巻・松島などの状況を肌で感じた。津波の発生を防ぐことは不可能だが、発生したときに備えて準備する重要性について強く考えさせられた。

主席鑑定官として本格的に各署を回ろうと企画し始めたが、話は簡単ではなかった。第一に、主席鑑定官の存在を知る警察署員が皆無に近い。単なる講演なら簡単だったが、各署に赴いて検討会を開催し、業務に対する問題点、平たく言うと前向きな不平不満を思うままに喋ってもらおう。その中から、組織で対応できるものや改革できるものを拾い上げ、現場のために実行していこうと構想した。

「現状でも忙しいのに、また服藤がいらんことをする」

各所属から、そんな反発が聞こえてきた。しかし嫌われ者の泥被りを引き受け、行動に移した。何回も調整を重ねて粘り強く説明し、まずは各署にアンケート調査を実施する許可を取り付けた。

アンケートの結果、各署から「要望と意見」が２８４件上がってきた。本部の各所属に対する「感謝」も１７０件寄せられ、刑事部主管課を改めて頼もしく感じた。その後、関係所属の了承を得て、アンケートの内容から絞り込んだ26署を各方面を担当している刑事指導官と共に巡回し、検討会を催した。結果を共有し、全庁的に認識できれば、未来へ進んでいけると考えた。

ここまでたどり着くのに、主席鑑定官に着任してから1年が経過していた。実際に回り始めると、構えているのか冷めているのか、当初はおとなしそうに参加する者が多かった。そこで自己紹介も兼ね、これまで現場のためにやってきた仕事を丁寧に説明し、今回の目的をわかりやすく説いていった。

「思うことを本音で話して欲しいこと」「内容は必ず刑事部三役に直接報告し、方策を考えること」を約束した。すると、初めは控えめだった署員たちが口を尖らせ、唾を飛ばしながら熱心に訴える姿が、あちこちの署で見受けられた。

「要望と意見」は228件に及び、22項目93件に集約整理した。さっそく刑事総務課長以下、各主管課の庶務担当管理官を集めて検討会議を開催し、ひとつひとつについて改善策や対応策を吟味した。最終的に、全ての案件に関する経緯と「業務改革への取組結果」を全署に配信し、情報を共有した。主席鑑定官がいなくなってもこの業務が継続できるように、警察内のネット上で「要望・意見」を集約する「目安箱」を設置し、刑事総務課に担当を置いた。

もうひとつ残せたものは、科捜研の研究員が裁判で証言するための「証人出廷問答集」だ。まず「尿中覚醒剤鑑定編」を作成し、続いて「DNA鑑定編」に取りかかったが、作成中に異動となってしまった。

主席鑑定官になって2年目に、都筑富之刑事総務課長から今後の異動の意向について訊かれた。都筑さんは科捜研時代から面識があり、科学捜査官に転任したとき刑事総務課で係長（警部）をしていた先輩である。刑事総務課の管理官のとき、私は犯罪捜査支援室長として一緒に仕事をさせていただき、理事官時代にもお世話になった。

「服藤さん。どうしたいの？　希望ある？」

「可能であれば、元の路線に戻して欲しいです」

滝野川の副署長に出たときの路線に戻してほしかった。ここに至っても、科捜研の改革と捜査支援を向上させたいとの思いは続いていた。

「そうか、そのためには1回外に出て、署長をやって来たほうがいい」

そう言って、刑事部長の了解も取り付けてくれた。ところがしばらく日が経つと、

「服藤さん。米田長官のところに行って来たほうがいいよ」

と言われた。何かあったなと感じた。情報を取ると、「服藤は署長不適格。この経歴では署長はできない」との申し送りが行なわれていることがわかった。

この夏の人事で、私の異動はなかった。代わりに、元部下の理事官心得が捜査支援分析センターの所長になったから驚いた。当人は居座り昇任を希望したため、警視庁本部

のみの勤務経歴だった。署の刑事課長も副署長も、理事官も警察庁勤務も経験していない。しかし当時のセンター所長の特別推薦で、刑事部長も了解した人事とのことだった。平成17年に規定された「特別捜査官の処遇について」は何だったのか。これに基づいて「一般の警察官と同じ処遇」を希望し、慣れない所轄勤務に奔走した特別捜査官の後輩を、私はたくさん見てきた。

長官への面談を提案してくれた都筑課長は、このことを知っていたのだと思った。米田さんが警察庁長官に就任されたのは、平成25年1月だ。

名古屋高裁が第7次再審請求の開始決定を取り消したとき、真っ先に電話をくれたのが、警察庁次長だった米田さんだ。急いで次長室へ向かうと、満面の笑みで迎え入れてくれた。ゆっくりお会いするのは、官房長室で叱られたとき以来だった。

「服藤さんでなければ、できない仕事でした。また結果を残しましたね」

と褒めてくれた。

長官となっていた米田さんは、全てを把握されている様子だった。そして、

「考えていることがあるから、よかったら警察庁に来たら」

と言われた。私は、全てお任せすることにした。

「何でなんだろう」と何度も思ったこの人生。しかし、いろいろな繋がりによって今の自分があるのは確かだ。よい影響を与えてくれた人たちは、常に、理解し、支援し、見守ってくれた。反対の人たち、ストレートにただ反面だったということではなく、この人たちもまた私の人生に無くてはならなかった人たちである。その都度、辛い思いをしながらも、勉強になり、エネルギーをもらった。

考え方ひとつで、視界は開けてくるのである。人とのかかわりは本当に不思議だ。

特別捜査官としての私は、先頭を走る責任を重く受け止めていた。警視庁が前例を重んじる組織であるがゆえに、ある時期からはできるだけ高いポジションを勝ち取り、後に続く者が少しでも楽になる道をつけたいと願うようになった。みんなが所属長になれるように頑張りたかったが、思うようにいかなかった。

警視に昇任した後輩が、どんどん所属長になっていく。そのたびに出席する送別会は、針のむしろだった。栄転者を見送る際、ほかの人とは握手をするのに、私が差し伸べた手を無視する者もいた。

所属長になると、途端に偉そうに振る舞う者。廊下で挨拶しても、無視する者やこちらを見ながら返事をしない者。反対に「服藤さん」と声をかけてくれる人や、敬語で話しかけてきて、対応が全く変わらない人もたくさんいた。

人は、自分のモノサシでしか人を計れない。このモノサシは共通ではなく、歩んできた人生で築かれた価値観によって、尺度が変わる。人は年月と共に成長し変化するが、昔の印象や記憶のままの同じモノサシを使い続ける人もいる。

他人をうらやんだり能力的にかなわないと思ったとき、相手の足を引っ張ったり、事実と違う風評を広げる人がいる。そうやって他人を蹴落としてきた人は、他人も自分を蹴落とそうとしているのではないかという疑いを、モノサシの基準に持っている。

上に取り入ってポジションを得てきた人は、下の者はお世辞を言って取り入ってくるのが当然と考える。「俺は偉いんだ」という態度が見えたとき、この人は上司から偉そうにされて育ってきたのだなと思う。本意でなくても必死に仕えてきた影響なのだろう。偉そうにする上司に部下が従うのは、ポジションや利害関係のためだと気づかない。

同じ体験を経ても、若い者にこんな思いはさせたくないと考え、違う対応をとる人がいる。裸の一個人になったときどう生きるかが、その人の人間性を現わす。事件の被害者のため、現場の刑事のために働いてこなかった者には、理解できないことだ。

かく言う私も、人の気持ちや言動や、その裏に隠された思いを理解せずに接して来たひとりに過ぎない。特に50代前半までは、自分が正しいと思って突き進んだ場面が多々あった。当時の部下や同僚、接していただいた方々を、知らぬ間に傷付けたと思う。未熟な時期を経ていまの自分があるのは事実だが、誰かの反面教師になっていることは否定できない。

そして再び警察庁へ

平成26年3月10日付で警視正に昇任し、警察庁に出向した。4月1日に、警察庁刑事局に捜査支援分析管理官が新設され、支援室は警視庁と同様に所属へ格上げになるという。私は総括課長補佐として、捜査支援・手口・情報分析・システムの業務を総括的に担当することになった。それぞれの業務には警視の担当課長補佐と各係が設置されており、全国警察の各担当業務に対応していた。捜査支援業務を、全国に完成させる時期が訪れたのである。

内示を受け、すぐに米田長官のところへ向かった。

「焦らず、ゆっくりでいいよ」

と言われ、今後の捜査支援に対する考えなどを話し合った。

そして、今回の異動は永久出向で、基本的に警視庁へは戻らないことを知らされた。通常の出向だと思っていた私は、少し悲しく悔しかった。

警視庁入庁以来、退職する幾多の先輩を見送ってきた。卒業のときは「警視庁の歌」に包まれて1階の都民ホールに整列し、代表者のあいさつの後、「蛍の光」と共に警視総監をはじめとする多くの職員と、正面玄関で最後のお別れをするのが習わしだ。

それができないまま警視庁を卒業することに、やるせない気持ちが押し寄せた。もし知らされていたなら、各部署やお世話になった人たちに違う挨拶をしたかったと悔やまれた。

警視庁で過ごした最後の4年は、羽を取られた鳥のようだった。組織のため社会のためにやりたいこと、やらなければならなかったことは、たくさん残したままだった。私の後任の主席鑑定官は、思った通り来なかった。継げる者がいないのか。私の仕事の成果が悪く、必要のない席になってしまったのか。それとも処遇に困った組織が、一代限りの椅子を用意しただけだったのか。真実はわからない。

現実に戻ると、そんな感傷に浸っている暇はなかった。最後の警察庁勤務はまだ4年ある。しかし4年しかない。

最初に手がけたのは、振り込め詐欺に重点を置いた、部門や府県をまたぐ事件情報の分析だった。それによる犯罪組織の解明や、受け子の上にいる親玉にたどり着くための新規手法と新資機材の開発、そのための分析業務の確立を目指した。これは、米田長官から直接下命された事項だった。ＣＩＳ-ＣＡＴＳの改修に向けた企画にも参画し、次期リプレイスを進めた。

そして警察人生最後の仕事として、自分にしかできないことをやっていこうと思った。

それは人を育てることだ。一人でも多くの後継者に、これまでの経験や困ったこと辛かったこと、それらに対してどのように向き合いながら歩んできたかを伝え、強い絆で犯罪に対峙し、歩めるようにしたかった。

警察は教養が充実している。採用時はもちろん、昇任して階級が上がるたび警察学校に入校する。勤務をしながらも、各種専科などで学ぶ体制が整っている。都道府県、各管区にも警察学校があり、警部に昇任すると警察大学校がある。職業人生の終盤まで勉強できる仕組みが確立されている職種は、あまりないと思う。

通常の勤務でも、職場内教養や月1回の所属内の全体会議が義務付けられている。警察は、職員の資質の向上を常に図っているのだ。

これまでも教養現場に参画しながら、私なりに後継者の育成に努めてきた。警察大学校特捜研や各種専科、管区警察局や府県警察本部などの講義や講演、府県からの個別事件相談や派遣捜査活動への参画、捜査支援業務に関する各種相談などに携わりながら、日本警察における「科学捜査と捜査支援」の実像を伝え、理解を深めてきた。さらに警察人生の後半は、これらに「人の生き方、生き甲斐」についての私見を織り交ぜた。

そうした中、平成26年の警察庁指定広域技能指導官全国研修会に出席し、金高次長の講話に接した。

「皆さんにお願いしたいことは、ひとつだけである。『技術と共に魂を、日本警察のできるだけ多くの職員に伝授していただきたい』ということである。現在、全国で131名の広域技能指導官がいる。全国警察職員29万3000人から考えると、非常に希少な比率である。平成6年にこの制度ができたとき、私は理事官として制度作りに若干携わったが、当時の長官の発案であり、『警察における人間国宝を作る』という思想であった。

皆さんは、どの分野でも日本の第一人者であり、超一流である。どうしたらなれるのだろうと思う。元々の素質だけでなく、大変な努力をされて来られたのだと思う。仕事に対するひた向きな情熱、厳しさ、真剣さ、強いものをお持ちなのだろう。それをいろいろな機会に、広域に全国に伝えてもらいたい。警察の仕事は、それが一番大事。29万人が同じ気持ちを持てば、すごい組織になる。～中略～

どうか魂や精神を、技術と一緒に伝承して欲しい。皆さんの人生を語っていただければ、感ずるものがあるだろう」

もう確信でしかなかった。どのように生き甲斐を得て、捜査支援に行き着いたのか。その経緯と意味を継承するために自分がいる、との思いで一杯になった。

このような切り口の講義・講演をさらに進めていたところ、「初任幹部科研究課程」の講義が舞い込む。これは、いわゆる国家一種試験合格者の初任幹部向けで、道府県警察の所属長になる警視を対象としていた。

しばらく経つと、嬉しい知らせが届いた。研究課程修了後のアンケート調査で、生徒からの要望が強く、次回からも講義して欲しいというのだった。この講義は、定年まで続いた。

講義・講演が終わった後の懇親会で、生徒が車座になって幾重にも囲んでくれたり、長い列をつくって話をしにきてくれたことがあった。思いを伝えている私自身が、逆に心を打たれる場面にもたびたび遭遇した。

平成30年11月に岐阜県警へ赴いたとき、特捜研の教え子で岐阜北署の署長になっていた立石薫さんが、夜の検討会に参加してくれた。隣の席に座っていたが、主賓だった私の元には捜査支援の担当者が入れ替わり訪れて話し込んだため、なかなか言葉を交わせなかった。しばらく経って落ち着くと、立石さんは話し始めた。

——特捜研で服藤さんの講義を受けて感銘を受け、岐阜県警に服藤さんを呼んで講演をしてもらおうと奔走した。岐阜にも捜査支援を作ろうと、奮闘努力もした。当時の上層部にはなかなか理解を得られなかったが、熱い思いを忘れずに10年。やっとここまできた。捜査支援室を作り、初代の室長を務めた。

そして今日、服藤さんを岐阜に呼ぶことができた。こんなに嬉しいことはない——。

立石さんは続けた。

「服藤さんの生き方は凄い。私心がない。何の得にもならない道を、ひとりで切り拓いてきた。警視庁という大きな組織で、元は研究職だから仲間もいなければ、足を引っ張る者もいただろう。辛いことばっかりだったと思う。

自分のためやない。被害者のため、刑事のため、現場のため。常にその目線で、人生を送ってきた人だ」

気が付くと、立石さんは涙を流していた。立石さんこそ凄い人物だと思った。自分の人生体験から私の歩んだ道を感じ取り、理解してくれている。ここまで具体的な言葉をかけてくれた人は少なかった。

立石さんは最後に、

「服藤さんはカッコイイ。男や。服藤さんの講義を聞いて感銘を受けたのは、私だけじゃない。その教え子が服藤さんの気持ちを受け継いで、それぞれの県で捜査支援を立ち上げていったんや」

と言ってくれた。

こちらもいつしか、涙を流していた。私がいなくなっても、志を継いでくれる者が育っている。もう何も心配することはない。そう実感すると、自然に泣けてきた。

平成23年から翌年、オウム真理教事件で特別指名手配されていた最後の信者たちが相次いで逮捕され、その裁判に証人出廷することになった。裁判員に対して客観的な立場から、化学兵器の基礎的な知識や関連する鑑定結果、科学的事実を説明した。反対尋問も緩やかであったのか、あまり記憶に残っていない。

少し嬉しかったのは、辛口で知られるジャーナリストの江川紹子さんが、ツイッター（当時）に書いた傍聴の感想を知ったときだった。

〈【オウム裁判】今日の午後は、ＶＸ事件の被害者永岡弘行さんが被害状況を証言。そして、オウム事件で警察の科学捜査の最前線にいた警察関係者によるＶＸの基礎知識講座。これはわかりやすかった。かつての裁判で、こういう説明があったらよかったのに……。〉

警察庁の勤務は、気が付くと4年目になっていた。捜査支援分析管理官の総括課長補佐から理事官を経て、刑事局調査官という立場にいた。

平成30年に60歳となり、明けて3月に定年を迎える予定だったところ、上層部から再任用の打診を受けた。民間企業でいうところの再雇用だ。いろいろな方から「あと5年ある」「残って欲しい」との言葉をかけられた。大変ありがたい話だったが、定年後は世の中のためにやってみたいことがあり、お断わりしようと思っていた。

そんなとき、近しい幹部や上層の幹部から「勤務延長」の話をいただいた。こちらは原則1年の定年延長だ。結果的に、これをお受けすることにした。

最後の上司は、小笠原和美管理官だった。現場第一主義の人で、自ら先頭に立って状況を認識し、現場が何に困っているのか何を欲しているのかを拾い上げ、成功した業務を全国へ広めていく。一方で問題点や要望を把握し、その解決策を共に考え、実行した。感性や観点、物事に対するアプローチや行動が私と似ていて、共感でき、話をしていて楽しかった。一種試験合格者では珍しい人材で、とても勉強になった。

勤務延長から1年後、「再任用を含めてまだ4年ある」との声をいただいたが、卒業する決意をした。小笠原管理官から、OB職である「警察庁指定シニア広域技能指導官」の委嘱を受けてはいかがかと聞かれた。断わる理由はなかった。

警察は素晴らしい組織だった。科捜研で研究員として15年、特命理事官で2年、捜査一課で通算7年、刑事総務課で通算4年半、捜査三課で1年、警察署勤務は1年7カ月、警察庁・警察大学校特捜研で約7年3カ月。

辞めようと思ったこともあった。最初の昇任試験である主任試験に2年続けて落ちた、28歳のときだ。荒んだ気持ちになって、無味乾燥の日々だった。宿直勤務のとき、ひとりで夜空の月を見上げ、虚しさを感じた。

どん底の気分から、組織を見返してやろうと東邦大学に通い、自分の間違いを悟らされ、医学博士も授かった。研究を終えて深夜に大学を出るとき見上げた同じ月は、「頑張れよ」と微笑んでいるように思えた。

その後も、何度も挫けそうになった。いつも頭に浮かんだのは、オウム事件の捜査員たちのことだ。

石川刑事部長から特命を受けて活動し、寺尾捜査一課長への報告を終えると午前3時、4時になるのが常だった。しかしどうしても捜査本部に聞いて確かめたいことがあり、躊躇しながら電話を掛けた。すると、呼出音は二度まで鳴らないのである。

直ぐに受話器が上がり、

「はい、築地本部。○○です」

と答えるのである。この人たちは、いつ寝ているのだろう。この思いと情熱は、どこから来るのか。そして、これこそ警察の姿なのだと思った。

亀有警察署の刑事の顔も、よく浮かんだ。当番勤務に当たった刑事は、朝から通常勤務をこなした後、翌朝まで勤務する。ところが交通事故や火災で死体が複数出たりすると、監察医務院の先生の検案作業が終わるまで待たなければならない。帰宅準備に入るのは、夜の10時や11時になるのが常だった。

たまたま死体が出ないと、午後5時過ぎに上がれる。当番員が、刑事二課長だった私の前に整列し、

「当番勤務終了しました。上がります」

と挨拶をする。ある日の夕方、私が、

「今日はいつもより早く上がれるんだから、帰って休め」

と声をかけると、1人の刑事が何か言いたそうにニヤニヤしている。

「これから張り込みに行くんです」

「ゆうべ寝てないだろ。早く帰って寝ろよ」

「いま、いいとこなんですよ」

目をキラキラさせて言うのである。この刑事は、やがて犯人を捕まえて来た。

寝食を忘れ犯人検挙に挑む多くの刑事の魂に触れ、辛くても厳しくても、強いきずなに結ばれ前向きに歩んでいく姿に接し、数多の感動をもらった。刑事は命に火を灯して生きている。この志を継ぐ者たちのために何ができるかを常に思い、「現場のために、させていただく」という精神を掲げながら、「科学と捜査の融合」に人生を懸けてきた。

多くの思いが去来する。憧れの警視庁科捜研に入所し、鑑定と研究に明け暮れたこと。オウム事件に特別派遣され、昼夜を問わず取り組んだこと。その流れで生まれた科学捜査官に転任し、全国で科学捜査を展開したこと。さらに捜査支援という全く新しい仕組みに展開し、企画・立案から発展させ、日本警察に残せたこと。

この道を歩んで来られたことを誇りに感じ、幸せに思う。

科学犯罪と科学捜査の今後～志を継ぐ者へ

平成に入る頃から、逮捕容疑を否認する被疑者が増えた。「なんで俺だけがパクられたんだ」「同じようなことをしてるヤツは、ほかにもいる」と捉え、悪いことをしたと思わない者も後を絶たない。自己主張をしながら権利を掲げる考え方が広がっていった。

日本はいつしか、損得型感性の強い社会に変わった。昨今の振り込め詐欺に代表されるように、他人のことなど考えず、自分さえよければいいというタイプの犯罪が多くなった。正義感、道徳心、いたわりや尊敬の念は、どこへ行ってしまったのか。

世の中で一度「負け組」に入ってしまうと、上限が決まってしまう時代が訪れている。そこに、アウトローで生きていく者が出てくる。自称「負け組」の犯罪者に聞くと、好きでアウトローになったのではないと言う。「生きる道が、これしか与えられなかった」と言うのである。

環境や立場、選択できる生き方に限界があり、生きることに疲れ、自分の力ではどうにもならなくなった若者が増えている。これらの中には、SNSに居場所を求めている者たちも多く見受けられ、これらをサポートする献身的な活動も散見されるが、先は見通せていない。

多様化の時代と言われるが、一人ひとりが自分の感性を大切にし、しっかりと自分の頭で理解し、社会のためになる自分の考えを持つことができるようにしなければならない。日本の未来を考えるとき、そのような心豊かな人が育つ環境の整備と、そのような人が幸せをかみしめながら生きていける社会を構築していくことが、本当に大切だと痛感する。

21世紀を迎える前から、講義や講演で「これからインターネットを悪用した犯罪が起こる」と話すようになったが、反応はほとんどなかった。しかし平成28年には、全国17都府県のコンビニのATMで18億円超が不正に引き出される事件が発生。南アフリカの銀行が発行したカードの顧客情報が、悪用されたことがわかっている。こんな犯罪を、誰が想像できただろうか。

科学捜査という言葉は昭和からあった。「捜・鑑」一体とか「捜・鑑・科」一体と言われたのは、鑑識や科捜研ともっと連携せよということだ。科学捜査の意味が大きく変わったのは、やはりオウム事件以降だった。化学兵器の使用や、インターネットを活用した各種情報の収集が可能となり、何でもありの時代がやってきた。薬物・毒物使用事件も多発し、科学の活用が捜査に必須となった。最近ではSNSが犯罪の温床となり、SNSを介して犯罪者が被害者と繋がっていく事案が後を絶たないばかりか、犯罪者を集める仕組みも高度化しながら広がる一方である。さらに、AIを悪用した犯罪も登場しており、その形態は刻々と変化している。

特定の会社や組織、さらには経済や社会の脆弱性を、ＡＩを活用しながら解析し、それらを攻撃してくる犯罪が発生することを何年も前から説いてきた。しかし、この分野は、生成ＡＩの出現により全く異なる次元へ移行しようとしている。画像、動画、テキスト、音などのデジタルデータから、様々なものを作り出すことができるようになってきた。犯罪者がＡＩを活用し、犯罪の手法や道具を、簡単に自作できる時代に突入したのである。

オープン・クローズを問わず、ＡＩを活用したＳＮＳなどのデータ解析から実態を捉え、状況に応じた大胆な情報の開示により、国民とともに悪に立ち向かう時代が訪れている。

ビッグデータやＡＩ、５Ｇ、ＩｏＴ（Internet of Things）、ロボティクス、ＶＲ（仮想現実）・ＡＲ（拡張現実）・ＭＲ（複合現実）・ＳＲ（代替現実）といった画像処理技術の総称であるＸＲなど、大きな技術革命が始まっている。犯罪者は必ず、これらの技術を組合せながら使ってくる。我々が気付かないところで、すでに重大な変化が起こっていると考えるべきだ。

高速・大容量通信、４Ｋ・８Ｋなどの高精細映像やＸＲを活用した映像伝送、空間ホログラムなどの技術が進み、目の前に子供や孫にそっくりな３Ｄ画像が現れて本人の声で話し始めたら、おかしいと思って対応できる親族がどれほどいるだろうか。

最先端の技術を駆使しながら、高度化し、高速で高性能で、解明困難な犯罪インフラの蔓延する時代が、すぐそこに来ている。現実とバーチャルの混同が進み、何が真実かわからなくなり、多種多様な犯罪の形態や手法は、劇的に変わる。

悲しいことに我々は、発生事後的にしかこれらに対応できない。やっと構築した解析手法も、新たな技術によって即座に陳腐化してしまう。科学捜査は時代とともに多様化・高度化し、物理・化学・医学・数学などを直接現場に適用しなければ成り立たない時代となった。捜査インフラのさらなる向上は欠かせない。

ではどうするのか。「常に勉強すること」と、どう対応するかを「常に考えること」である。最新の技術と必要な情報を確保することが、何より大切だ。

さらに「警察や検察の組織内だけで対応できる時代は終わった」と気付くことである。展示会やフォーラム、勉強会などに積極的に参画し、世の中の技術動向の中でも、捜査インフラや犯罪インフラに繋がる情報を知っておかなくてはならない。官と民が協力し、情報を共有して活用できる場を広げる仕組み作りが、ますます重要となる。幸いなことに、捜査支援という分野は連携や共有がしやすく、現場の意見も吸い上げやすい。

犯罪捜査支援室の時代には、ＩＴに総合的に取り組む大きな会社はもちろん、特別な分野に秀でた技術をもつ小さな会社にも、アポを取って会いに行った。先方はいきなり警視庁から連絡が入るのでびっくりしていたが、構わずに続けた。勉強会もよく開いた。

こうした積み重ねによって、最新技術の知識や情報を深めたのだ。

業務の専門化が常態化すると、働く者たちはセクト主義に陥っていく。他の分野への関心や理解が薄れ、自分の部署の利害だけで動くようになる。変化を好まなくなり、新しい知識や技術を取り入れたがらなくなる。組織として、物事に有機的に対応することが難しくなる。技術や情報の進歩や変化が激しい時代では、あっという間に機能しなくなってしまう。

志を継ぐ者たちは、現場を大切にして欲しい。現場がその時々で何に困っているのかを常に把握し、共に考えていかなければならない。真の問題は現場にしかなく、最良の解決策は現場でしかみつけることができないのである。

若いうちから全体像が見える人材を、育てて欲しい。自分の領域だけで精一杯になるのではなく、日本の捜査支援の将来像を描ける人を育てることが大切だ。

とはいっても、一人の能力など知れている。だから人との繋がりが大切だ。人と繋がることによって助けられ、頼られることも増える。後に続く者も、人から頼られるようになって欲しい。

たとえ始めは未熟で下手で無理と思っても、上手に交じってコツコツと励んで欲しい。

つまらないことや気の進まないことでも、自分を見失わずに全力で取り組んで欲しい。

必ず。必ず道は開けてくるから。

そして、自信をもって活動できる分野を切り開き、その分野の「最後の砦」に育って欲しい。

あとがき

「人にはそれぞれ、行き着くレベルがある。すぐに伸びる人。ゆっくり伸びる人。いろいろいるよ。でもね。みんなそのうちプラトー（停滞期）になり、必ず壁にブチ当たるんだ。

この壁をすぐ乗り越える人。なかなか乗り越えられない人。やっぱりいろいろいるよ。この時期が長いか短いかで差が付いていく。でも必ず乗り越えられる。どうしても乗り越えられなかった人は、その高さで生きる人だったんだよ。人生はうまくできてるね」

東邦大学医学部の伊藤隆太教授には、さまざまなご指導をいただいたが、こんなお話が心に残っている。

人生には、大きな波がある。大きな志を持つ者には、必ずこれがやって来る。小さな波は何とかなるが、大きな波はそうはいかない。いい波なら、流れに乗って頑張ればいい。結果が伴うときだから、逆らわずに進めばいい。このときに大切なのは、決して得意にならないこと。謙虚であること。そして、順調なときだからこそ慎重に生きることだ。

反対に、どう抗ってもうまくいかない大波も来る。四面楚歌で理不尽で、いろいろと活路を見いだそうとするが、もがくほど深みにはまっていく。

実は、このときこそが人生最大のチャンスなのだ。自分自身を振り返るとき、人生で本当に大切なのは、こうした時期だったと痛感する。困難をどう受け止め、どう活かすかによって、その人の価値や人生は大きく変わる。

何もしたくないこの時期に、力を蓄えておくことが大切だ。自分を信じて、自分に投資し、能力を高め、根を生やしておくのだ。そのための、静かなそして深い時間なのである。これは本当に辛い。先も見えないこのときに、何のためになるのかと思うことだろう。何度も何度も、何をしているのかと思うことだろう。

ところが不思議なことに、そこから微かな希望が見えてくる。もうダメだと諦めていても、必ずチャンスは訪れるのである。しかし、どん底のときに自分に投資して力を付けておかないと、このチャンスに気が付くことができない。そして、たとえ気付いたとしても、実力が備わっていないと摑むことができないのである。

2年続けて主任試験に落ちていなければ、私は医学博士を取得していなかっただろう。そうすると毒物の専門家にならず、オウム事件にも関わらなかったかもしれない。科学捜査官になることもなく、人生は全く違うパラレルワールドになっていたに違いない。最終的にたどり着いた捜査支援の仕組みも、いまのような形になっていなかったはずだ。

運がよかったといえばそれまでだが、若き日に「人生の生き甲斐」を教わり、責任を持って、自分に正直に生きてきた。いつも誰かに助けられ、導かれて、いまがある。

人生は、やり直せるようにできている。多くの人が生き甲斐を持ち、それぞれの責任を全う出来ればと願ってやまない。

やはりお世話になった後藤田のおおおやじからは、

「君ねぇ。国家、社会のためにどうするんかを、常に考えにゃあいかんよ」

とよく言われた。中曽根内閣の官房長官時代、官僚に心構えを説いた「後藤田五訓」を思い出す。

・省益を忘れ、国益を想え
・悪い本当の事実を報告せよ
・勇気をもって意見具申せよ
・自分の仕事でないと言うなかれ
・決定が下ったら従い、命令は実行せよ

もっともご本人は、

「ああ、あれなぁ。わし、よう覚えとらんのじゃ」

と、目を細めて笑っておられたが。

どん底のとき、妻は私にこう語りかけた。

「いろんな事件や事故の、たくさんの犠牲者や被害者の無念を晴らすために、夜も寝ないで働いて、社会のために頑張ってきたんだから。どんな状況になっても、ずっと見ていてくれてるよ。いろいろな事件の被害者が、みんなそばに付いてるから大丈夫だよ」

犠牲者や被害者やその関係者の思いは、事件の軽重では計れない。

本書は、大波に何度も洗われた警察人生を振り返り、その時々に悲しかったことや嬉しかったこと、いろいろな人との出会いをまとめたものである。この本を書くことを決意したのは、最後の長い「どん底」にいたときの都筑刑事総務課長の言葉だった。

「服藤さんがいままで何をしてきたか、私は側でずっと見てきたからよくわかる。服藤さんと一緒にオウム事件とその後の人生を過ごした人たちは、卒業した先輩を含めてみんな知ってるよ。

だけど人は勝手だから、都合のいいように話を作ってしまう。服藤さんが成し遂げてきた成功を、自分がやったように言う人もたくさん見てきた。だから服藤さんは、自分がしてきたことを、事実として歴史に残したほうがいい」

科学は多数決ではない。そして嘘をつかない。科学と捜査を融合させて「真の科学捜査」と「捜査支援」を日本警察に確立することが自分の人生であると信じ、推し進めることが私の使命だった。

宮仕えから解かれたいま、組織の枠を超えた考えや構想が、次々と頭に湧いてくる。現在の私は、官と民による社会の安全と安心の仕組み作りのため、重い扉を開くための情熱を取り戻しつつある。

最後に、本書を世に出すためにお世話いただいた文藝春秋・小田慶郎氏、編集を対応していただいた石井謙一郎氏、そして出版にご尽力いただいた板倉弘政氏に、心よりお礼申し上げたい。

今回の文庫化に際しては、内容は原則的に単行本出版当時のままとし、加筆・訂正は必要最小限にとどめた。

併せて、文庫化のためにお世話いただいた文藝春秋・秋月透馬氏、中本克哉氏に、心よりお礼申し上げたい。

いつも傍で私の人生を支え続けてくれた妻と、私の志を継いで検察官の道を歩み始めた息子に、深く感謝しつつ筆を置く。

〈カバー写真について〉

警視庁刑事部捜査第一課の帽子

オウム真理教関連事件以降、著者が科学捜査官に転任してからも現場で被り続けたもの。前面の赤いマークは「警視庁捜査第一課員の赤バッジ」と同じで、「S1S」と「mpd」の文字がデザインされている。「Search 1 Select」と「Metropolitan Police Department」の略で、「選ばれし捜査第一課員（警視庁）」の意味。

警察庁指定広域技能指導官のバッジ

本文参照。警察庁長官から授与される。部門によって色分けされていて、黒色は刑事部門。裏面に通しナンバーの刻印があり、個別に所有者が決まっている。

カバーの背景の藍色

著者が警視庁に入庁したころ、科学捜査研究所（科捜研）の研究員として、現場に臨場するときに着ていた現場活動服の色。当時の科捜研には現場臨場服がなく、捜査員のお下がりを着用。

単行本　二〇二一年三月　文藝春秋刊
肩書等、本文の内容は原則的に単行本時のものとしました。
DTP制作　エヴリ・シンク

本書の無断複写は著作権法上での例外を除き禁じられています。
また、私的使用以外のいかなる電子的複製行為も一切認められておりません。

文春文庫

警視庁《けいしちょう》 科学捜査官《かがくそうさかん》
難事件《なんじけん》に科学《かがく》で挑《いど》んだ男《おとこ》の極秘《ごくひ》ファイル

定価はカバーに
表示してあります

2024年10月10日　第1刷

著　者　服《はら》藤《ふじ》恵《けい》三《ぞう》
発行者　大沼貴之
発行所　株式会社　文藝春秋

東京都千代田区紀尾井町 3-23　〒102-8008
TEL　03・3265・1211㈹
文藝春秋ホームページ　https://www.bunshun.co.jp
落丁、乱丁本は、お手数ですが小社製作部宛お送り下さい。送料小社負担でお取替致します。

印刷製本・大日本印刷
Printed in Japan
ISBN978-4-16-792289-4